学生のための
法律ハンドブック

弁護士は君たちの生活を見守っている！

近江幸治・弘中惇一郎 編著

成 文 堂

はしがき

　本書は、弁護士法人早稲田大学リーガル・クリニック所属弁護士と弁護士法人法律事務所ヒロナカ関係弁護士の協同による、学生に贈る法律ガイドブックである。

　対象は、高等学校を卒業して大学や専門学校などに入学する「学生たち」である。「学生たち」は、学業を本業としつつも、社会学的には、二つの大きな特徴を持った社会的存在である。一つは、年齢的に「未成年から成人へ」移行する時期なので、「未成年」と「成人」の二つの異なった環境での生活や社会規範を経験することである。もう一つは、経済的に独立していないので、依然として親の経済的支援に頼らなければならないことである（アルバイトで補強しなければならない人もいよう）。そして、数年後に必ず社会に巣立ち、「一人の社会人」として歩むことになる。だが、学生のうちは、まだまだ社会規範の何たるかを知らず、また往々にして法律問題に直面することもあろう。

　そこで、私たち弁護士は、このような学生たちに対し、社会の根底に流れている基本的な法律規範を伝えなければならないと考えた。法律は専門的であるため、一般の学生にとってはもちろん、法学部の学生であっても、なかなかわからないところが多いものである。このようなことから、本書は、大学生に限らず、学生一般にとって必要な最小限の法律的知識として編集した。

　内容は、学生が生活する場面を、「日常生活」、「アルバイト・就職活動」、「授業・サークル活動」、「刑事事件」の4つの「ユニット」に分け、さらに各ユニットを11の「ステージ」に分類して、学生生活のあらゆる場面を想定した123の具体的な項目を取り上げた。各項目は、原則として、Q＆Aの形式で解説してある。学生一般向けである

はしがき　i

から、判例などはいちいち取り上げない。「設例」に対応する解決の方針は「DIRECTIONS」に示してあるので、これを有効に活用し、法律の仕組みも理解してほしい。

　各項目の全内容については、民事関係は近江が、刑事関係は弘中が逐一検討し、各執筆者との協議を経て完成させたものである。

　私たちは、学生たちが有意義な学生生活を送っていくことを祈ってやまない。本書が、身近で役に立つ一冊となれば、幸いである。また、「弁護士は君たちの生活を見守っている」ことも忘れないで！法律問題が起こったときには、いつでも弁護士に相談してほしい。

　最後に、活字離れが進む今日、本書の出版を快くお引き受けいただいた株式会社成文堂の阿部成一社長、丁寧な編集作業をしていただいた編集部小林等氏に対し、心から御礼を申し上げます。

　　2018年2月吉日

　　　　　　　　　　　　編著者

　　　　　　　　　　近　江　　幸　治
　　　　　　　　　　弘　中　惇　一　郎

目　　次

はしがき …………………………………………………………… i

法令名略語 ………………………………………………………… x

UNIT Ⅰ　日 常 生 活

STAGE 1　お金のトラブル

1　クーリングオフって？………………………………………… 4

2　クーリングオフってどうすればいいの？………………… 6

3　クーリングオフをできないと言われた、本当？………… 8

4　キャッチセールスで買わされた品物どうしよう？………… 10

5　しつこい電話勧誘、どうしよう？………………………… 12

6　クーリングオフ期間過ぎたら、もうダメ？……………… 14

7　エステのローンを組んじゃった！………………………… 16

8　ネットワークビジネスで一儲け？………………………… 18

9　クレジットカードを利用するときの注意点は？………… 20

10　カードキャッシングで支払ができなくなった！………… 22

11　スマートフォンの分割購入、払えなくなってしまったら？……24

12　ネトゲ課金、払えなくなってしまったら？……………… 26

13　ギャンブルで多額の借金を背負ったが破産できますか？……28

14　貸したお金を返さない友人を脅して取り立てた！……… 30

15　美容院でケガをしたらどうすればよい？………………… 32

STAGE 2　アパート・マンションのトラブル

16　アパートを借りるときの注意点は？ ……………………36

17　アパート上階の住人から迷惑行為を受けたら？ …………38

18　ルームシェアや同棲をするときの注意点は？ ……………40

19　大家さんが替わって、家賃を上げると言われたら？ …………42

20　大家さんから立ち退きを求められたら？ ……………………44

21　アパートを退去するとき敷金は返してもらえる？ …………46

STAGE 3　ネット・SNS でのトラブル

22　ネットショッピングで買った物が来ないんだけど？ …………50

23　ネットオークションで買った物がひどいんだけど？ …………52

24　フリマアプリ、何を気をつけたらいい？ ……………………54

25　ネット上でウソやプライバシーを書かれてしまったら？ ……56

26　SNS の投稿に写真やポスターが写り込んでいたら？ …………58

27　「まとめサイト」を作っても OK？ ……………………………60

28　ソフトウェアの海賊版を売ってしまったら？ ……………62

29　インターネット上の詐欺への対応は？ ……………………64

30　冗談のつもりのインターネット投稿が威力業務妨害罪に？ ……66

STAGE 4　恋愛トラブル

31　女子高生と付き合ったら？ …………………………………70

32　飲み会でお酒を飲みすぎて性行為をしてしまったら？ …………72

33　彼氏から裸の写真を撮らせてほしいと頼まれたら？ …………74

34　LINE で女子高生の裸の写真が共有されたら？ …………76

35　交際相手が妊娠した際の法的責任は？ ……………………78

36　異性につきまとわれるなどした場合の対応は？ …………80

37 交際相手からの暴力　どうすれば？ …………………………… 82

38 同棲すると「内縁」や「婚約」とみなされる？ ………………… 84

39 友達がパパ活をしている！ ………………………………………… 86

40 ありがちな学生同士の会話でもセクハラになる？ …………… 88

41 性的マイノリティからの告白、言いふらしていい？ ………… 90

42 交際相手のスマホを盗み見てしまったら？ …………………… 92

43 リベンジポルノって何ですか？ ………………………………… 94

44 痴漢に間違えられてしまったら？ ……………………………… 96

STAGE 5　旅行トラブル

45 旅行をキャンセルしたいがキャンセル料は？ ……………… 100

46 乗ってたバスが横転、どんな主張が可能？ ………………… 102

47 海外で盗難被害に遭ってしまったら？ ……………………… 104

48 海外で逮捕されたが裁判所への出頭命令を無視して
帰国したら？ …………………………………………………… 106

49 大麻が合法とされている国・地域では大麻の吸引は許される？
……………………………………………………………………… 108

STAGE 6　交通関係のトラブル

50 交通事故による損害賠償請求・保険・紛争解決の概要 ……… 112

51 交通事故発生後の対応や請求で注意すべき点は？ ………… 114

52 自転車に追突されて怪我をした際の注意点は？ …………… 116

53 納得いかない交通違反、裁判で争える？ …………………… 118

54 お酒を飲んだ友人からドライブに誘われたら？ …………… 120

STAGE 7　未成年から成人へ

55 未成年って、なあに？ ………………………………………… 124

56	未成年の年齢引き下げって	126
57	未成年のうちは、親の同意がなきゃダメ？	128
58	未成年のうちは、責任を逃れられる？	130
59	未成年者と政治活動	132
60	選挙の応援で気をつけることは？	134
61	住民票は移さなくてはいけないの？	136
62	学生でも年金を納付しなくてはいけないの？	138

UNIT Ⅱ　アルバイト・就職活動

STAGE 1　アルバイトでのトラブル

63	休憩なしや残業はアルバイトなら当たり前？	144
64	アルバイトには残業代は支払われないの？	146
65	塾講師アルバイトでの準備時間は？	148
66	アルバイトでも有給休暇はもらえる？	150
67	アルバイト先でのパワハラ・セクハラ	152
68	無理なシフトを組まれたらどうするか？	154
69	販売ノルマを強要されたら？	156
70	アルバイト先から罰金の支払いを求められたら？	158
71	アルバイト中にケガをした。治療費は誰の負担？	160
72	アルバイト中にお客さんにケガをさせてしまったら？	162
73	未成年にタバコを販売してしまったら？	164
74	アルバイトを辞めさせてもらえない！	166
75	アルバイトを急にクビになったら？	168
76	アルバイトでも税金を払わなくてはいけないの？	170
77	タレント・モデル契約のトラブル	172

78 アダルトビデオへの出演を強要されたら？ ……………………174

79 学費が足りず、風俗店での勤務を考えています……………176

80 振り込め詐欺グループの片棒を担いでしまった？ ……………178

STAGE 2　就職活動でのトラブル

81 採用面接でどれだけ我慢しなくちゃいけないの？ …………182

82 他社を辞退するなら内定を出すと言われたけど？ …………184

83 内定辞退を求められた。どうすればよい？ …………………186

UNIT Ⅲ　授業・サークル活動

STAGE 1　大学・授業でのトラブル

84 刑事罰を受けたら大学を退学になってしまう？ ……………192

85 講義を録音・録画して SNS に投稿していいの？ ……………194

86 大学の単位認定は裁判で争えるの？ …………………………196

87 研究上のアカハラ・パワハラは？ ……………………………198

88 相手が教授でも、これはセクハラなんじゃないの？ …………200

89 成年後に親に対して扶養請求できる？ ………………………202

90 滑り止め合格の大学に納めた学納金は返してもらえる？ ……204

STAGE 2　サークルでのトラブル

91 新入生がサークルをすぐ退会したとき会費は払う？ …………208

92 お酒の上のトラブル　エトセトラ ……………………………210

93 コンパで一気飲みさせてもいいでしょうか？ ………………212

94 学祭で食中毒を出したと言われたら？ ………………………214

95 サークルのイベントで映画を上映したら？ …………………216

目　次　vii

96 ドローンで撮影をする際に気をつけるべきことは？ ………… 218

UNIT **IV** 刑 事 事 件

97 刑事裁判って何ですか？ …………………………………… 222

98 疑わしきは被告人の利益って？ ………………………… 224

99 ニュースで聞いた限りでは有罪だと思います？ ……… 226

100 「有罪率99.9％」の意味とは？ ………………………… 228

101 検察ってなんですか？ …………………………………… 230

102 弁護人ってなんですか？ ………………………………… 232

103 当番弁護・国選弁護って何？ …………………………… 234

104 任意同行を求められたら？ ……………………………… 236

105 夜道で警察官から職務質問と所持品検査をされてしまった … 238

106 捜索・差押をされたら？ ………………………………… 240

107 GPS 捜査って何が問題なの？ …………………………… 242

108 逮捕・勾留されてしまった場合の流れ ………………… 244

109 再逮捕って何？ …………………………………………… 246

110 起訴された後いつ拘置所から出られるの？（保釈）………… 248

111 取調べを受けることになったら？ ……………………… 250

112 身柄拘束を受けない刑事事件（在宅事件） …………… 252

113 刑事裁判では何が行われているの？ …………………… 254

114 簡易公判・即決裁判・略式手続って何？ ……………… 258

115 判決にはどんな種類があるの？ ………………………… 260

116 裁判員裁判ってなんであるんですか？ ………………… 262

117 裁判員裁判ってどういう手続きになりますか？ ……… 264

118 検察審査会ってなに？ …………………………………… 266

119 未成年者が罪を犯すとどうなる？ ……………………… 268

120 犯罪被害に遭った損害賠償は？ ……………………………………270

121 被害に遭ったけど、刑事手続にするのは大変？ ………………272

122 被害に遭った怒りを刑事裁判でぶつけるには？ ………………274

123 共謀罪・テロ等準備罪ってなに？ ………………………………276

索　引 ………………………………………………………………………278

法律事務所紹介 ………………………………………………………………282

執筆者紹介 ……………………………………………………………………284

法令名略語

法令条文を紹介する場合は、有斐閣『六法全書』の法令名略語に従って適宜下記の通り略語を用いました。

割賦販売法　　**割賦**

教育基本法　　**教基**

刑事訴訟法　　**刑訴**

刑法　　**刑**

検察審査会法　　**検審**

検察庁法　　**検察**

公職選挙法　　**公選**

裁判員の参加する刑事裁判に関する法律　　**裁判員**

裁判所法　　**裁**

自動車の運転により人を死傷させる行為等の処罰に関する法律

　　自動車運転致死傷

児童の権利に関する条約　　**児童約**

児童福祉法　　**児福**

児童ポルノ防止法（児童買春、児童ポルノに係る行為等の規制及び処罰並びに児童の保護等に関する法律）　　**児童買春**

借地借家法　　**借地借家**

少年法　　**少**

消費者契約法　　**消費契約**

商標法　　**商標**

職業安定法　　**職安**

所得税法　　**所税**

ストーカー行為等の規制等に関する法律　　**ストーカー**

大麻取締法　　**大麻**

男女雇用機会均等法（雇用の分野における男女の均等な機会及び待遇の確保等に関する法律）　**雇均**

著作権法　**著作**

電子消費者契約に関する民法の特例に関する法律　**電子契約特**

道路交通法　**道交**

特定商取引法　**特定商取引**

日本国憲法　**憲**

売春防止法　**売春**

破産法　**破**

犯罪被害者等の権利利益の保護を図るための刑事手続に付随する措置に関する法律　**犯罪被害保護**

不正アクセス行為の禁止等に関する法律　**不正アクセス**

プロバイダ責任制限法（特定電気通信役務提供者の損害賠償責任の制限及び発信者情報の開示に関する法律）　**特定電通賠償**

弁護士法　**弁護**

母体保護法　**母体保護**

民事再生法　**民再**

民法　**民**

無限連鎖講の防止に関する法律　**無限連鎖講**

リベンジポルノ防止法（私事性的画像記録の提供等による被害の防止に関する法律）　**性的画像被害**

旅行業法　**旅行**

労働基準法　**労基**

労働契約法　**労契**

労働者災害補償保険法　**労災**

UNIT I

日 常 生 活

STAGE 1

お金のトラブル

電話勧誘　クーリングオフ
ローン　破産　ギャンブル　借金
ネトゲ課金　キャッチセールス
クレジットカード

1

クーリングオフって？

〔設例〕クーリングオフは消費者にとって一番強い武器だと聞きました。具体的にどんな制度なんでしょうか？

1 クーリングオフとは？

そもそも、保証契約などの例外を除いて、原則として、契約は、申込みと承諾の意思表示が合致することで成立します。「これ売って」「これ買います」という時点で契約は成立し、その時点以降、この意思表示が詐欺などによって行われたという例外的な事情がない限り、この意思表示に両者は拘束されるのが原則です。あとから契約を勝手に反故できないとすることによって、契約を相手にも守らせることができるわけです。ところが、クーリングオフは、そんな理由もなしに契約を反故にできる、事業者からみたらおそろしい制度です。なぜ、このような制度があるのでしょうか。

クーリングオフとは、英語で cooling off と書き、頭を冷やして考える期間を消費者に与えるためのものです。

コンビニでお昼ごはんを買うときなどとは違って、訪問販売など、不意打ちのように契約する流れになってしまう取引類型や、マルチ商法のように複雑でリスクの高い取引などについては、契約締結後に契約内容を十分確認したうえで考えたいと思う人は多いでしょう。事業者と消費者を比べると、消費者は、情報量においても交渉力においても弱い立場にあることが多いため、法律で特別に「こういった類型については、頭を冷やして考える期間をあげます」と決めているので

す。この期間内であれば、理由なしに消費者は契約を解約できます。

2 クーリングオフができる場合とは？

このようにクーリングオフは、消費者を保護するための特別な制度だということがわかります。その分、クーリングオフができる期間は短期間に制限されています。以下、クーリングオフ制度の代表的なものとその期間を挙げます。

取引類型	期間
自宅や勤務先への訪問販売	8日間
喫茶店やレストランなどでの店舗外取引（店舗外というのは、売りつけようとする商品等を売るショップの外という意味です）	8日間
キャッチセールス	8日間
アポイントメントセールス（電話等による店舗への呼び出し）	8日間
電話勧誘販売	8日間
エステ、語学教室、学習塾、家庭教師、パソコン教室、結婚相手紹介サービス等の特定継続的役務提供	8日間
保険契約	8日間
冠婚葬祭互助会契約	8日間
投資顧問契約	10日間
マルチ商法やネットワークビジネス	20日間
在宅ワーク、内職商法、モニター商法等、業務提供誘因販売	20日間

期間が短期間に限られていますので、クーリングオフが利用できる場合かどうか判断に迷う場合で、すぐに専門家へ相談できない場合は、とりあえず主張しておくとよいでしょう。クーリングオフの仕方については、*2* をご覧ください。

（弁護士　塩川泰子）

2
クーリングオフってどうすればいいの？

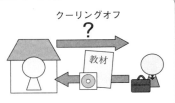

〔設例〕10日前、突然、うちにセールスマンが来て、資格試験教材を宣伝してきました。就活がうまくいかなくて、資格を取るのもいいかなと思ったので、ちょっと高いなとは思いつつ、教材を買ってしまい、教材を受け取りました。でも、先ほど行きたかった会社から内定の連絡が来て、そこの会社でその資格は特に役立たそうなので、クーリングオフで解約したいと思います。できませんか？できるとしたら、どうやったらいいんですか？

1 いつまでにアクションしないといけない？

1の表にあるとおり、訪問販売は、クーリングオフ制度の対象で、8日以内であれば、どんな理由でも解約できます。この日数の数え方は、訪問販売の場合、申込書か契約書のいずれかを渡された日を1日目とします。

ここでいう申込書とか契約書というのは、その役割を果たすにあたって十分な内容が記載されているものをいうので、契約書というタイトルが書いてあっても、いくら払えと書いてあるだけで、何のために払うかなど、契約の内容が判然としないようなものでは、契約書の交付とはいえません。申込書や契約書を受け取っていなければ、訪問販売で物を買ってしまってから何日たってもクーリングオフは可能です。

また、クーリングオフが法律上できるのに、できないと言うなど、クーリングオフ妨害があった場合には、クーリングオフができることを認めた書面を改めて交付されるまで期間は進行しません。

設例は、8日以上経ってしまっていますが、このような申込書・契

約書をともに受け取ってない場合や、クーリングオフ妨害があった場合などは、クーリングオフによる解約の余地があります。

なお、設例とは異なりますが、連鎖販売取引（マルチ商法）、特定継続的役務提供（法令に規定されている継続的なサービスで、1カ月を超える期間の5万円を超えるエステや英会話教室サービスなど）、業務提供誘引販売取引（事業者が仕事をあっせんするからといって自宅で簡単に収入が得られるなどと勧誘したうえで、あっせんする仕事に必要があるとして商品やサービスを購入させる取引）については、契約書を渡された日を1日目としてカウントします。

2 クーリングオフの仕方は？

クーリングオフは、法律上、書面で行うこととされています。客観的にクーリングオフによる解約をしたことが明らかであれば、口頭での解約も有効であるとの裁判例も存在しますが、口頭では確たる証拠が残らない以上、これからクーリングオフをしようというときは書面で行いましょう。

方法は、内容証明郵便が最も確実です。はがきでも簡易書留か配達証明付書留で送付し、伝票は契約書とともに保管しておきましょう。期間内に発信することにより効力が発生します。具体的な書き方に不安があれば、国民生活センター等に相談してみましょう。

3 クーリングオフの効果は？

すでに契約に基づき代金を支払っていた場合は、事業者は速やかに返金する必要があります。一方、事業者は消費者に対して、金銭請求はできません。すでに使用した部分についても同じです。

また、すでに商品等を受け取っている場合は、事業者の負担において引き取るよう要求することができます。

（弁護士　塩川泰子）

3
クーリングオフをできないと言われた、本当？

〔設例〕キャッチセールスで店舗に連れていかれて、化粧品を買わされてしまいました。以前、高校で、こういう場合はクーリングオフができると聞いていたので、クーリングオフの連絡をはがきでしたところ、電話がかかってきて、「契約書にクーリングオフはしませんって書いてあるでしょ」とか、「もう開封しちゃってるのでクーリングオフできるわけないでしょ」とか言われて聞き入れてもらえません。どうしようもないのでしょうか？

1 クーリングオフをさせない契約は有効か？

クーリングオフは、事業者からすると、理由なく解約されてしまうものなので、あの手この手でクーリングオフをさせないよう、工夫してくる業者がいます。そのうちの一つが、「契約書にクーリングオフはしませんって書いてあるでしょ」というものです。

しかし、消費者保護法制というのは、消費者が事業者に比べて情報量や交渉力において圧倒的不利な立場におかれがちであるということを前提に、消費者の保護をしようとするものです。そのため、消費者に不利な契約は無効だと定められています（特定商取引9条8項等）。

したがって、設例のように、「クーリングオフをしません」という表記は無効ですし、その他、法定のクーリングオフ期間を短縮する表記も無効であり、こういった表記がある契約書等にサインをしてしまったとしても、ひるむ必要はありません。

2 消耗品を消費してしまった場合は？

実をいうと、クーリングオフ制度を認めた諸取引類型にも、法律上、適用除外があります。その代表例ともいうべきものが、消耗品です。消耗品として法令で定められているのは、商品の「使用若しくは一部の消費により価額が著しく減少するおそれがある商品」（特定商取引26条5項1号）であり、例えば、健康食品、化粧品、毛髪用品、石鹸、コンドーム、生理用品、防虫剤、殺虫剤、防臭剤、脱臭剤、履物、配置薬（富山の薬売りのように置いていって使用した分を清算する方式）などです（同法施行令6条の4、別表三）。これら政令で指定されている消耗品は、消費した部分についてクーリングオフできなくなります。

設例の場合、まさに適用除外されている消耗品の化粧品に該当します。したがって、開封してしまった分については、クーリングオフできません。しかし、あくまでもそれは開封してしまった分の話であって、残りはクーリングオフできます。

このようなときに、悪徳業者は、「これ、全体で一つのパッケージなんで、全部開封したのと一緒です（だから全部解約できない）」という主張をしてくることがあります。しかし、クーリングオフできない範囲は、同種商品が通常小売している最少小売り単位で判断しますので、常識的に考えて一つのパッケージとして認められないような場合、そのような悪徳業者の主張にひるむ必要はありません。

さらに、悪徳業者は、「使用方法の説明のために」と誘導して、商品の一部を開封させ、消耗品の使用を主張してクーリングオフを拒否する例もみられます。しかし、これも、法律上、「当該販売業者が当該申込者等に当該商品を使用させ、又はその全部若しくは一部を消費させた場合を除く」と規定されており、この場合も悪徳業者にひるむ必要はありません。

（弁護士　塩川泰子）

4
キャッチセールスで買わされた品物どうしよう？

〔設例〕街頭でアンケートの協力を求められて、暇だったので OK しました。すると、「書く場所が必要だから」といってビルの一室に案内されました。アンケートの中身は、健康サプリの宣伝みたいな感じで結局商品を買えと勧められてしまいました。声をかけてきた人は優し気な女の人でしたが、室内には心なしか強そうな男の人もいます。どうしたらいいですか？

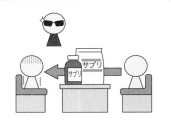

1　キャッチセールスはクーリングオフできる？

キャッチセールスは、悪徳商法として有名ですから、直感的にクーリングオフできそうと思う人が多いかもしれません。しかし、法律にキャッチセールスと書いていないので、まじめな人ほど戸惑うかもしれません。

実は、特定商取引法2条1項2号で「営業所等以外の場所において呼び止めて営業所等に同行させた」場合も訪問販売に該当するとしています。一般的にはキャッチセールスと呼ばれている手法ですが、法律上は、訪問販売というカテゴリーに属し、8日間のクーリングオフが可能です。

さらに、訪問販売で、日常生活において通常必要とされる分量を著しく超える商品等を購入契約した場合、過量販売といって、契約成立から1年以内であれば、契約を解除することができます（特定商取引9条の2）。

2　目的を隠して勧誘するキャッチセールスってどうなの？

さらにいえば、設例のように勧誘目的を隠して店舗に連れて行くのは卑怯ですよね。これについてもルールがあり、「勧誘をするためのものであることを告げずに営業所等以外の場所において呼び止めて同行させること」は、法律で禁止されています（特定商取引6条4項）。

これに反した場合には、3年以下の懲役又は300万円以下の罰金もしくはその両方が課されます（特定商取引70条1号）。

3　キャッチセールスにつかまってしまったら？

キャッチセールスといえば古典的な悪徳商法ととらえられているものであり、基本はついていかないことです。何かの流れで、ついていくことになったとしても、ほしくないものは、ほしくないというべきです。訪問販売は、相手が断ったら、再度行うことは禁止されているので、堂々と断るのが一番です（特定商取引3条の2の2項）。

ただ、店舗に行ってしまったら、店員さんに囲まれ、身の危険を感じて断りにくい場面もあり得ます。そのような場合、クーリングオフ制度があるので、本当に行き詰った場合は、帰ってすぐにクーリングオフしようと心に決めて、サインをし、その場をとりあえず切り抜けることも大切です。その場合、クーリングオフの通知ができるように、きちんと資料は持ち帰ってください。まかり間違っても、嫌な思い出とともに資料をすべて葬り去るようなことはせずに、期間内のクーリングオフをするようにしてくださいね。

（弁護士　塩川泰子）

5
しつこい電話勧誘、どうしよう？

〔設例〕普段、見知らぬ番号からの着信はとらないのですが、あまりに何度もかかってくるので、とってしまったところ、健康サプリの宣伝でした。いろいろ理由をつけて断ろうとしたんですが、これで電話が来なくなるならという気持ちになって、「買います」と言ってしまいました。買い取る義務はありますか？

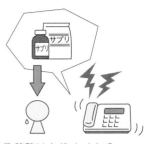

1 電話勧誘販売は解約できるか？

1の表にあるとおり、電話勧誘販売についてもクーリングオフ制度があります（特定商取引24条）。

電話勧誘販売とは、事業者の方から電話をかけてその電話で勧誘することをいいます。勧誘の目的を隠していても、これに該当します。また、キャンペーンなどを装って特別に有利であることを告げて消費者の側から電話を掛けさせる場合も含みます。

対象となるのは、商品・サービスのほか、施設利用権や社債・株主権など特定の権利を購入させるケースで、電話の後、手紙やメールなど別の手段で契約手続きを完了させる場合も含みます。

クーリングオフできる期間は、8日間です。

また、訪問販売と同様、日常生活において通常必要とされる分量を著しく超える商品等を購入契約した場合、過量販売といって、契約成立から1年以内であれば、契約を解除することができます（特定商取引24条の2）。

設例の場合、事業者の方から電話をかけてきており、サプリ、すな

わち商品の販売を目的としていますから、電話勧誘販売に当たります。契約書か申込書を受け取った日から8日間以内であれば、クーリングオフできることになります。また、過量販売に当たれば、1年以内まで解約できることになります。

2 そもそも、しつこい電話勧誘はどうにかならない？

電話勧誘販売は、訪問販売同様、相手が断ったら、それ以上勧誘することは禁止されています（特定商取引17条）。つまり、断られたら、事業者は電話を切らないといけないのです。違反は、行政指導の対象になりえます。

　また、事業者は、勧誘に先立って、事業者の名称、販売担当者の指名、契約の勧誘目的であること、販売する商品等の種類を明確に伝えることが法律上義務づけられています（特定商取引16条）。したがって、勧誘と気づいた時点で、これらを聞き出し、メモを取って、再度の勧誘があった場合には、消費生活センターに相談してみましょう。

（弁護士　塩川泰子）

6
クーリングオフ期間過ぎたら、もうダメ？

〔設例〕パソコン教室に申し込んで、ちゃんと契約書も受け取ってから２週間が経ちました。１回行ってみたのですが、明らかに合いません。半年もあるプログラムなので、正直、解約したいです。クーリングオフ期間の説明はきちんと書面で受けていながら、期間内にしなかった自分が悪いと言われればそれまでなのですが、２週間経って初めて初回の授業に出てわかったことですし、授業料数十万円ももったいないのでなんとかなりませんか？

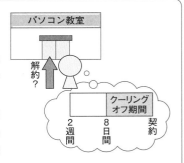

1　パソコン教室は「特定継続的役務提供」

1の表にあるとおり、「特定継続的役務提供」はクーリングオフが認められていて、パソコン教室もそのうちの一つです。パソコン教室は、２カ月を超え、かつ５万円を超えるものが対象です。

設例では、期間が半年、価格が数十万円ということなので、クーリングオフが法律上、認められていたわけですが、特定継続的役務提供は、クーリングオフ期間が８日間であるため、２週間後の現在、クーリングオフはできなくなっています。

2　中途解約は？

実は、特定継続的役務提供については、クーリングオフだけでなく、消費者側から中途解約することも認めています（特定商取引49条）。クーリングオフ同様、理由は必要ありません。

これは、さすがに事業者としては負担な制度ですので、既にサービ

スを受けた部分と一定の解約手数料は請求できますが、将来分は解約ができます。解約手数料の上限は、以下のとおり定められています。

	サービス開始前	サービス開始後
エステ	2万円	2万円または契約残額の10％に相当する額のいずれか低い額
語学教室	1万5000円	5万円または契約残額の20％に相当する額のいずれか低い額
家庭教師	2万円	5万円または当該特定継続的役務提供契約における一か月分の授業料相当額のいずれか低い額
学習塾	1万1000円	2万円または当該特定継続的役務提供契約における一か月分の授業料相当額のいずれか低い額
パソコン教室	1万5000円	5万円または契約残額の20％に相当する額のいずれか低い額
結婚紹介サービス	3万円	2万円または契約残額の20％に相当する額のいずれか低い額

　設例は、パソコン教室で、1回目だけ受講したということですので、1回目の費用分と最大で5万円または契約残額の20％に相当する額のいずれか低い額を請求されるにとどまります。すでに支払っている場合は、その額を差し引いた額を返金してもらうことができます。

（弁護士　塩川泰子）

7
エステのローンを組んじゃった！

〔設例〕肌が弱く、ムダ毛処理に悩んでいたので、二十歳の誕生日に医療脱毛のエステサロンに行ってみました。そうしたところ、1年コースでないと意味がないといって、長時間、お説教のように説得されました。「払えない」とも言いましたが、

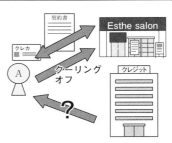

「カード払いで大丈夫。うちは、24回払いまで受け付けてるから」と言われて根負けし、その場でクレジットの申し込みと契約書を交わしてしまいました。全部で36万円もします。クーリングオフしてもカード会社からは取り立てられますか？

1 クーリングオフの対象か？

1の表にあるとおり、「特定継続的役務提供」はクーリングオフが認められていて、エステもそのうちの一つです。2017年法改正により、美容医療も対象となりました。エステは、1カ月を超え、かつ5万円を超えるものが対象です（特定商取引・施行規則別表4）。クーリングオフ期間は8日間です（特定商取引48条1項）。

設例では、期間が1年、価格が36万円ということなので、8日間、クーリングオフが可能です。

2 ローン契約のクーリングオフ

実は、特定継続的役務提供などの契約をする際、その契約のためにクレジット契約を申し込んだ場合、支払いが2か月以上の期間にわたり、かつ3回以上に分けて支払う条件のものについては、クレジット会社に直接クーリングオフの通知をすればクーリングオフしたことになるという制度がありま

す（割賦35条の3の11）。そうやって、契約を解除してしまえば、すでに支払い済みの分も返金してもらえますし、その後の部分も取り立てられることはありません。行ったサロンの対応が悪い場合、カード会社に連絡した方が実際的なこともありえます。

3 クーリングオフ以外の方法——抗弁の接続

一方、自分が元からもっているカードを使ってローンを組んだ場合、この割賦販売法に基づくクーリングオフはできません。

ただ、サロンなどの業者とのあいだにトラブルが生じたとき、消費者は、業者に対して支払いを拒む正当な理由があれば、クレジット会社に対する支払を停止することができます（割賦30条の4、35条の3の19）。これを抗弁の接続といいます。本来、業者に対して主張すべきことを第三者であるカード会社にも主張できる点で、消費者の保護を厚くしているといえます。

この制度では、支払済みの部分は返金されませんが、その後の支払いは拒否でき、自分が元から持っていたカードの場合でも主張できますし、クーリングオフができる場合だけでなく、購入した商品の引渡しがされない場合や、商品に欠陥がある場合など、民法上のトラブルについても主張できます。

設例で、クーリングオフ期間を超えてしまっていた場合でも、エステサロンの「長時間の説得」に虚偽があるなどの事情があれば、詐欺や錯誤の主張をして、以後の支払いを免れる方法が考えられます。これは、クーリングオフと異なり、きちんと理由を求められることになりますから、専門家に相談することも視野に入れるとよいでしょう。

（弁護士　塩川泰子）

8
ネットワークビジネスで一儲け？

〔設例〕Ａさんはサークルの友達の
Ｂさんに良いアルバイトの説明会が
あると言われてついていくと、ネッ
トワークビジネスの集会であり、壇
上でまだ若い男が「皆で夢を摑みま
しょう！」などと話していました。
説明会の後、Ａさんは、Ｂさんに喫
茶店に連れ込まれ、詳しい説明を聞いてみると、友人から健康食品を
買い、誰かに転売すると30％の利益が出るという話でした。このよう
な商法は法律上問題ないのでしょうか。

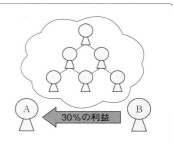

1 マルチ商法・ネットワークビジネスとは

マルチ商法、ネットワークビジネス（MLM）と呼ばれる取引は、法的には「連鎖販売取引」といいます。具体的には(1)物品の販売または役務の提供を行う事業で(2)再販売・受託販売をする者を(3)特定利益（紹介料など）が得られるとして勧誘し(4)代わりに特定負担（入会料等）をさせるものをいいます（特定商取引33条）。

上から下へと枝分かれ式に商品が流通するため、ある会員は消費者であると同時に販売店でもあります。商品が売れない場合は、自ら仕入れた商品を在庫として背負うほか、「特定負担」として支払った金額も損することになります。

また、マルチ商法と似た概念に「ねずみ講」があります。こちらは商品の販路ではなく入会者を集めます。ある会員は上位会員に上納金を払う必要がありますが、自分が下位会員を獲得すると今度は上納金を貰う側になる構造です。ねずみ講は、人口が有限である以上必ず破

綻するため違法です（無限連鎖講の防止に関する法律）。

2　マルチ商法の問題点

マルチ商法の会員は下部会員を獲得できないと損をします。そのため、勧誘において問題が起こりやすいことから、特定商取引法で厳しく規制されています。

例えば、販売の際の書面交付義務、虚偽の事実を告げたり、断った相手に対する再勧誘の禁止、クーリングオフ期間が20日（通常の取引は8日）等です。

しかし、マルチ商法の場合、一般の会員は上記のような規制を理解しないことが多く、事業者も「会員個人の問題であり会社とは無関係」と主張するため、未だにトラブルが絶えません。

また、一般の消費者がセールスを行うため、私的な人間関係に入り込みやすいのも問題です。例えば、友人を勧誘する場合には人間関係の破綻をもたらすリスクがあります。

DIRECTIONS

自分がマルチ商法の勧誘を受けた場合は、よく考えてから参加するか否か決めましょう。これらの勧誘は、即決させるように迫るものや同じ話を何度も繰り返して疲労させるものが多いため、安易に勧誘者と会わないこと、すぐに逃げ出せる環境で勧誘を聞くことが重要です。その場で即決することは行わずに、必ず一度帰ってから検討するということを主張するようにしてください。

もし無理やり契約させられたり、嘘を述べられて騙された場合は、国民生活センター（参考：**15**）へ相談してください。

また、自分が既にマルチ商法に参加している場合、特定商取引法を理解し、正しい勧誘を行わなければ刑事罰が課される可能性があることを理解する必要があります。

（弁護士　渥美陽子）

9
クレジットカードを利用するときの注意点は？

〔設例〕大学1年生のAさんは、一人暮らしをきっかけにクレジットカードを作ろうと考えました。カード会社の広告を見ると「毎月の支払をリボ払いにするとお得なポイントが1.5倍」との記載があります。Aさんはリボ払いの契約をすることにしましたが、それは本当に「お得」なのでしょうか。そもそもクレジットカードはどのような仕組みで成り立っているのでしょうか。

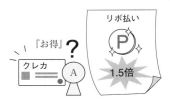

1 クレジットカードと支払いについて

多くのカード会社では18歳からクレジットカードの発行が可能ですので、大学入学と同時にクレジットカード（以下、「クレカ」）を作る人も多くいます。では、そもそもクレカはどのような仕組みで成り立っているのでしょうか。

まず、クレカを使用したい人はカード発行会社に発行の申し込みをします。ここで、カード会社は「信用情報」という、収入や過去の延滞の有無などを調査し、審査をしてカード会社の審査基準を満たす者に対してのみクレカを発行します。そして、利用者が使用した際には、先にカード会社が店に代金を立替え払いして、その後カード会社から利用者に請求が来ることになります。

つまり、クレカを利用することは、一時的にカード会社に借金をすることと同じです。ですから、常に自分の支払い能力を意識しなければなりません。

また、クレカには限度額がありますから、急な出費に備えて余裕を持った利用を意識すると良いでしょう（学生の場合、一般に10万円程度が

限度額であることが多いです）。

2　リボ払いの危険性について

　もうひとつ注意すべき点は、リボショッピング（リボルビング払い）の存在です。リボ払いでは、多くの場合、「実際の利用金額にかかわらず毎月の支払金額が一定」です。すなわち、月々の支払額を1万円として設定していた場合、3万円の買い物をしても10万円の買い物をしても支払額は固定で月1万円を完済まで分割して支払うことになります。

　ただし、リボ払いには手数料がかかります。年利に直すと15％ほどが相場ですが、この利率はカードローンで借入れを行うよりも高くなることが多いのです。

　そして、リボ払いでは毎月の支払金額が一定のため、軽い気持ちで高額の買い物をして返済が困難になるという問題があります。例えば、未払いの残高が100万円、手数料が年15％で、毎月1万円ずつ返済するという場合を想定します。この場合、毎月の手数料だけで1万2500円（年15万円の12等分）になりますから、元本の返済が終わりません。

DIRECTIONS　クレカでの買物は、その場で支払っている感覚がなくなりがちですが、カード会社に借金をしているのと同じことと考え、安易な買物はやめましょう。

　今手元に現金がないのであれば、来月も手持ち資金がない可能性の方が高いのです。どうしても支払えないと思ったら、弁護士に相談して債務整理をしましょう。

（弁護士　渥美陽子）

10
カードキャッシングで支払ができなくなった！

〔設例〕A君は、大学生になって一人暮らしを始めましたが、新しい服や靴、家具に飲み会と支払いが重なり、ついついクレジットカードのキャッシングでお金を借りていたところ、気がついたら、とても返済できないような金額にまで膨れ上がって

しまいました。なんとかして解決したいが、どのような方法があるのでしょうか。

1 クレジットカードのキャッシングについて

キャッシングとは、カードの限度額の範囲内で小額のお金を借りることです。メリットとしては利便性の高さや、海外で外貨を直接引き出せること等があります。

一方で、現実の収入にかかわらず限度額まで借り入れが可能なため、返済に窮するという問題があります。カード限度額はあくまで審査時に判断される指標に過ぎず、実際の収入とは連動しません。また、カードキャッシングは対面での審査がない場合が多く、簡単に借りることができてしまうため、借金をしているという実感が薄れるという問題があります。

2 カードの支払が出来なくなってしまったら

ここでは、カードの支払いができなくなってしまったときの対処法として(1)任意整理(2)自己破産について述べます。

まず、任意整理とは、債務者本人や、債務者から委任を受けた弁護士がカード会社と直接交渉し、支払猶予、分割等を認めてもらうこと

です。

　一番現実的な方法はこの任意整理であり、例えば利息を免除してもらったうえで、月々支払い可能な金額で元本を分割弁済にさせてもらうといった内容で和解することが考えられます。カード会社としても、裁判をして取り立てるよりも、債務者が任意に支払ってくれた方が、メリットがある場合の方が多いので、交渉に応じてもらえることが多いです。

　任意整理ができない場合、破産を考えることになります。破産手続は、一般的には債務者自身の申立てにより、開始決定が行われますが、財産がない場合には、開始決定と同時に廃止決定がされ、破産手続が終了します。

　破産手続が終了すると、免責手続に入ります。ここで、投資の失敗やギャンブル、浪費等で借金をした場合や財産隠しが発覚した場合は免責が認められないことがあります（破産252条）。しかし、それらが無い場合には免責がされ、この時点で債務が帳消しになります。

　任意整理・破産手続のいずれでも、信用情報機関に事故情報が残ります。ここには未払いの履歴や破産情報も登録され、ローンの審査等で不利になります。まずは計画的な資金繰りを心がけましょう。

（弁護士　渥美陽子）

11

スマートフォンの分割購入、払えなくなってしまったら？

〔設例〕Aさんは最新機種のスマートフォンを24ヶ月の分割払いで購入したが、銀行口座の残高が無かったため代金の引き落としが出来なくな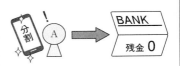
ってしまいました。このことによって、Aさんにはどのような不利益が発生するのでしょうか。

1 電話機を分割購入することの意味

最近は、スマートフォンの普及と高機能化によって、携帯電話の販売価格が高くなっています。これに伴い、若い世代を中心に携帯電話機を分割払いで購入することが増えてきました。

分割払いは法的には、「割賦販売契約」といい、通常の販売とは違う点があります。

まず、分割払いの場合、ほぼ必ず提携するクレジット会社のローン契約を締結することを求められます。これは、購入者が携帯会社に直接代金を支払うのではなく、間にクレジット会社を挟むものです。これで、(1)携帯会社はクレジット会社から最初に代金全額の支払を受け、(2)購入者は分割費用をクレジット会社に支払うという二段の契約関係になります。クレジット会社は代金の回収漏れのリスクを負う反面、分割手数料で収益を得るという構造です。

そして、(携帯に限らず) 分割払いの場合には「期限の利益の喪失」に関する条項があります。

これは、分割金の支払を怠ったときに残代金の全額を請求できる条項です。例えば「10万円の物を10回払いで買う（月1万円払い）」という契約が締結されたときは、物を受け取っても残代金をすぐに払う必

要がありません。仮に、売主が「やっぱり残りも今払え」と言っても拒否できます。これを法的に「期限の利益」と言います。分割払いで契約したので当然のことです。

しかし、買主が代金をきちんと支払わない場合等、両者の信頼が失われたときまでこれを貫くのは不公平なので、「期限の利益の喪失」条項を設け「未払いがあったとき、買主は期限の利益を喪失し、残代金を一括で払う」といった内容があらかじめ契約で定められているのです。

また、分割払い契約で間にクレジット会社が入る場合は、その人がローン契約を結んだことや支払いの状況などが「個人信用情報機関」に登録されます。

個人信用情報機関とは、金融関係の組織（銀行、カード会社、貸金業者、日本学生支援機構など）が加盟して、顧客の情報を共有する場で、日本に３社（CIC、JICC、KSC）あります。

2　代金未払い・支払い遅れの不利益

では、期日どおりに分割代金の支払をしなかった場合、どんな不利益があるでしょうか。

まず、期限の利益を失って残代金を一括で請求されることがあります。

また、個人信用情報に事故歴が記載されます。信用情報には未払いや破産の情報が記載されますが、クレジットカードを作ったりローンを組むときには、各社が信用情報を審査するため、事故歴があると契約を拒否されます。

現在、スマートフォンの分割金を払わなかったために事故歴がつき、住宅ローンが組めなくなったりすることが問題化しています（信用情報は約５年残ります）ので、よく考えて分割払いを利用しましょう。

（弁護士　渥美陽子）

12
ネトゲ課金、払えなくなってしまったら？

〔**設例**〕Ａ君はスマートフォンで遊べるネットゲームに課金しすぎて、来月のクレジットカードの引き落としが50万円にもなってしまいました。Ａ君の預金残高は５万円しか残っておらず、アルバイトを頑張っても支払えそうにもない金額だが、これからどうなるのでしょうか。

1 前提

昨今のゲーム業界では、オンラインゲーム・モバイルゲームが重要な位置付けを占めています。多くのオンライン・モバイルゲームでは「基本料金無料・課金制」というシステムを採り、課金収入で利益を上げています。これは、ゲームを始めるためにコストはかかりませんが、アイテムやキャラクターを手に入れるためにその都度費用がかかるというシステムです。特に、キャラ等の景品を抽選で入手する「ガチャ」と呼ばれる仕組みが広く利用されています。

こと「ガチャ」においては、抽選で「当たり」とされる景品がユーザーにとって魅力的であり、熱中しやすい構造になっています。

2 課金にまつわる問題点

現在問題視されているのは、設例のように「課金がやめられずに破綻する」といった、依存症に近い状態です。

なぜ課金に依存するかというと、ガチャが「射幸心を煽る」仕組みになっているからです。過去には「コンプガチャ」というものがありましたが、あまりに射幸心を煽るということで、現在は規制されてい

ます。

　先に述べたとおり、課金して手に入る景品は魅力的で、消費者の購入意欲を掻き立てます。また、インターネット上で決済をすることが多く、出費をしているという感覚が薄れる傾向があります。特に、子供の場合は顕著であり、システムが分からないまま親のクレジットカードを使って巨額の課金をしてしまうという問題が起こっています。

　そして、自分の支払能力を超える課金を行ってしまえば、結局は生活が行き詰まることになります。

　特にクレジットカードの場合、気づいたときには手遅れになるほどの金額を課金していた、ということもありえます。

　こうなると、債務整理の問題となり、最後は破産という結果になりかねません（債務整理・破産について　**10**　）。

　しかし、　**10**　でも述べたとおり、「浪費」とされた場合、免責（借金がなくなること）されない、すなわち支払義務ありと認定されてしまう可能性があります。ゲームへの課金は「浪費」と認定される可能性が高いでしょう。

　なお、浪費の場合は必ず免責を受けられないわけではなく、裁量免責という、反省し生活を改めることが期待できるときは裁判所の認定で免責する制度があります（実務上はほぼ裁量免責が認められています）。

DIRECTIONS　　課金に限った話ではありませんが、欲しいものがあっても衝動買いしないことや、自分の収入と支出のバランスを常に意識することを心がけるべきです。

　また、課金するときはクレジットカードを使わず、コンビニ等でプリペイドカードを買うという敢えて面倒な方法を利用し、自制することも良いかもしれません。

（弁護士　渥美陽子）

13
ギャンブルで多額の借金を背負ったが破産できますか？

〔**設例**〕B君は大学の講義をサボってパチンコにハマっていたところ、気付いたときには100万円の借金を抱えていました。ギャンブルで作った借金は破産で免責してもらえないと聞いたが、本当なのでしょうか。

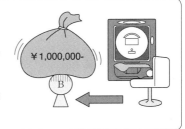

1 前提　借金（債務）が多額に及んだときに採るべき方法は以前に説明しました（*10*）。ここでは、特にギャンブルが原因で債務を負った場合の処理について説明します。

2 ギャンブルが原因の破産　まず、*10* で述べたとおり、債務整理の方法は複数存在します。このうち、任意整理と個人再生については、債務を負った原因を問わずに行える手続きです。よって、ギャンブルで借金をした場合でも特別な影響はありません。

他方で、自己破産によって債務整理を行う場合には、ギャンブルが原因の借金が「免責不許可事由」に該当することから問題となります（ネトゲ課金の項も参照：*12*）。

免責不許可事由とは、破産法252条1項に規定がある、該当すると免責（借金の帳消し）が許可されない可能性がある事由です。「浪費又は賭博その他の射幸行為をしたことによって著しく財産を減少させ、又は過大な債務を負担したこと」（同4号）と規定があります。

ここで、「浪費」はその人の財産状況から見て身の丈に合わない生活をすることで、身近な例では、毎晩飲み歩いたりブランド物を買いあさったりして生活が成り立たなくなる場合をいいます。「賭博その他の射幸行為」とは、競馬やパチンコ、カジノ等のギャンブルはもち

ろんですが、株取引やFXといった投資・投機も含まれるとされています。

よって、ギャンブルで借金をした場合、免責を許可されない原因になります。

ただし、破産法では「裁量免責」（破252条2項）という規定を置いています。これは、上の免責不許可事由に該当した場合でも、裁判所が「一切の事情を考慮して」免責を許可できるとしています。

裁量免責の規定を設けた理由は、破産法が債権者に公平な財産分与を行いつつ、債務者の再生の機会を図ることを目的としている（同1条）ことにあります。これは、免責不許可をあまりに厳しく運用してしまうと、生活が成り立たなくなっている債務者にいわば止めを刺すこととなり、再生の機会が図れないからです。

実際に、自己破産の場合で免責不許可が下る方が少なく、多くは免責が認められています。ただし、反省し、生活態度を改める意思が裁判所に伝わることが前提です。

破産のデメリットは官報に氏名住所が載ること、金融機関や信用情報機関に記録が残ること等です（ **10** ）。

DIRECTIONS ギャンブルが原因の借金でも、弁護士に依頼し、適切に申立てをすれば裁量免責が認められる余地はあります。

もっとも、法律上の手続きよりも破産するまでギャンブルにのめりこんだという依存症の治療を受けることが重要です。色々な機関がこの相談・治療を受け付けているので、自分で問題に気付き、治療の努力をすることが第一です。

（弁護士　渥美陽子）

14
貸したお金を返さない友人を脅して取り立てた！

〔設例〕A 君は語学のクラスが一緒のB 君に頼まれて、一週間後に返すという約束で10万円を貸しました。

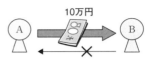

しかし、返済日になってもB 君は10万円を返さないばかりか、「パチンコで使っちゃった。てか、もらったんじゃなかったっけ？」などと言い始めています。A 君はあまりに腹が立つので、仲間数人と一緒B 君の家に押しかけて、「金を返さないならボコボコにしてやる」と言ったところ、観念したB 君が10万円を返してきました。

1 問題の所在

設問のように、お金を貸したことを法的に表現するならば「金銭消費貸借契約」が締結された、となります。これによって、A 君は「債権者」に、B 君は「債務者」になります。

そして、返済期日が来たとき、A 君はB 君から10万円を返してもらう権利があります。ここで、B 君がお金を返さなかったときにA 君はどうすればよいでしょうか。

2 自力救済の禁止

まず、A 君がB 君の家に押しかけ、B 君を脅して10万円を取り上げて行く行為は許されるでしょうか。悪いのはお金を返さないB 君であって、A 君の行為は許されるようにも思えます。

しかし、債権者が法定の手続きによらずに権利を実行することは原則として許されません（自力救済の禁止）。

もっとも、お金を返してもらうように交渉することは許されます。そこで、交渉が次第にヒートアップすることがあり得ます。このような場合は、(1)権利の範囲内で(2)社会通念上相当な方法であれば恐喝罪

は成立しません。結局、債権回収のため用いた方法が社会的に許されるかどうかが重要です。

設例のA君の場合は、仲間数人とB君の自宅に押し掛けて「ボコボコにしてやる」と身体に危害を加えるような態度を示しているので、恐喝罪が成立する可能性が高いでしょう。

3 債権回収の方法について

交渉が不発に終わった場合、法定の手続きとしてA君は民事訴訟を起こす事が可能です。

この場合、債権者であるA君は「いつ、誰に、いくら貸し付けて、いつが弁済期か」のような事実を証明する必要があります。なぜなら、自分に有利な法律効果をもたらす事実（A君に10万円の返還請求権があることを証明する事実）は自分で証明するというのが民事訴訟のルールだからです。

そのため、借用書や送金の履歴があればよいですが、口約束で財布からお金を出した場合のように何も証拠がなければA君が負けてしまう可能性があります。

また、勝訴してもすぐに10万円が返ってくるわけではなく、今度はB君の財産から回収する「執行」という手続きが必要です。B君に財産がなかったり、夜逃げして行方不明になってしまった場合には執行ができません。

DIRECTIONS

貸した相手がお金を返してくれない場合は、回収するための裁判で勝訴し、執行するという長い道のりになります。かといって無理やり取り上げた場合は自分が犯罪者になってしまうおそれがあります。

このような揉め事を避けるために、まずは友達に安易にお金を貸さないこと、どうしてもお金を貸す場合には、最終的にはあげても良い金額としたうえで、必ず書面に残し、担保を取ることが賢明でしょう。

（弁護士　渥美陽子）

15

美容院でケガをしたらどうすればよい？

〔設例〕Ａさんは大学の近くの美容院が「パーマ3000円ポッキリ（半額）」というチラシを配っていたので美容院に行きましたが、清算になってカット代やシャンプー代を含めた7000円を請求されたのでしぶしぶ支払いました。しかも、Ａさんはヘアアイロンが顔に当たってやけどまでさせられてしまいました。Ａさんはどうすればよいのでしょうか。

1　美容院でやけどをした

皆さんが美容院でカットしてもらったり、パーマをかけてもらったりする際には、客である皆さんに対し、美容院が役務の提供を行うという内容の契約を締結したことになります。この契約により、皆さんには代金を払う義務が発生しますし、美容院には指定された業務を行う義務が発生します。

このような場合、美容院はただカットやパーマをするだけでよい、というわけではありません。誤ってはさみで顔を傷つけたり、アイロンでやけどをさせてしまうといった事故が起こらないように配慮する義務があります。これを「安全配慮義務」と言います。

したがって美容院（の従業員）が誤って客にけがをさせてしまった場合、安全配慮義務違反ということになり、債務不履行責任（民415条）を問われます。また、過失によって人に損害を与えたので、不法行為責任（民709条）も問われることになります。

設例の場合には、すぐに病院に行ってやけどの治療をするとともに

診断書を作成してもらう、けがの箇所を写真に撮っておく、事故が起こった場で責任者に事実を紙に書き署名してもらう、といった方法が考えられます。

美容院はこのような事故に備えて、通常は保険に入っているはずですので、保険で対応してもらいましょう。

また、やけどの痕が残ってしまったような場合には、外貌醜状の後遺障害が残ったとして、治療費以外にも慰謝料などを請求することが考えられますので、症状固定の時期を見計らって、医師に後遺障害診断書を作成してもらいましょう。

2 広告の記載と値段が違う

最近では、インターネットで広告を目にすることも増えました。しかし、配布されたクーポンが実際には存在しない商品のものだった（おとり広告）、値段が記載と異なり、もっと費用がかかった（有利誤認）などのトラブルも発生しています。

設例の場合、「3000円ポッキリ」という表記は、通常の消費者にとっては3000円以上の費用は不要だと受け取れるものですから、「有利誤認」となります。

上記のような広告をすることは景品表示法で禁止されています。故意に違反をした場合だけではなく、過失によって違反をしてしまった場合にも処分されるという厳しい規制になっており、消費者の側からも通報窓口が用意されていますので、被害に遭った場合には通報しましょう（http://www.caa.go.jp/info/inquiry.html）。

DIRECTIONS 美容院に限らず、消費者トラブルに悩んでいる場合は「国民生活センター」という国の相談窓口があります（http://www.kokusen.go.jp/ncac_index.html）。相談は無料ですし、相談をしたことによって不利益が生ずることはありませんので、気軽に利用しましょう。

（弁護士　渥美陽子）

STAGE 2

アパート・マンションのトラブル

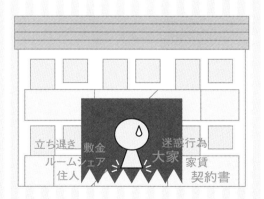

16
アパートを借りるときの注意点は？

〔設例〕A君は、実家を出てアパートで一人暮らしを始めようと思っています。はじめてアパートを借りるので不安で一杯です。アパートを借りるときに注意をするべきことはあるでしょうか？

1 賃貸借契約

アパートを借りるということは、アパートの所有者である大家さんと賃貸借契約を締結するということになります。他人と契約を結ぶ以上、契約の内容を十分に確認しておかないと後々トラブルがおきて大変なことになったりしてしまいます。まずは、契約書にハンコを押す前に、以下のような点を確認してみることをおすすめします。

2 契約書の内容をよく確認しよう

アパートを借りるときには、賃貸借契約書を結ぶことになりますので、賃料、敷金、礼金も大事ですが、他の賃貸借契約書の内容をよく確認しましょう。

まず確認をしてほしいのは、普通賃貸借契約なのか定期賃貸借契約なのかという点です。この違いは、契約期間満了後に契約を更新することができるかどうかというところにあります。普通賃貸借契約の場合、賃貸借の期間が定められていた場合でも、希望すれば契約の更新をすることができます。他方で、定期賃貸借の場合には、再度契約を締結するなどの場合をのぞいて契約時に「定められた期間」が過ぎたら原則として出ていかなければなりません。そうすると、また引っ越し先を探さなくてはなりませんし、引っ越し費用も再度必要となってしまいます。十分に確認しましょう。

次に、契約上の禁止事項をよく確認しましょう。契約書には、一般

的にペットの飼育や楽器の演奏を禁止するといった約束事が書いてあります。これを破ると賃貸借契約が解除されてアパートを追い出されることになったり、場合によっては大家さんから損害賠償請求を受けるといった可能性もあります。アパートによっては、エアコンや暖房機器などの設置・使用が禁止されているような場合もあります。自分の生活スタイルに合わないような禁止事項が書いてある場合には、契約を締結することを思い留まった方がよいかもしれません。

また、契約の解約の方法もよく確認しておきましょう。一般的にはアパートを解約したい時期の一定期間前までに連絡をすると決まっている場合が多いですが、連絡をしなければならない時期が著しく制約されている場合や、契約内容によっては違約金が定められている場合、そもそも途中解約ができない場合もあります。引っ越しをしたいタイミングで引っ越しができないという事態を招かないように、この点もよく契約書を確認しましょう。

3 入居にあたって

以上のように、契約時に契約書の内容をよく確認することはとても重要ですが、実際に入居をする際にも注意をするべきことがあります。

それは、アパートに入居をするときに、必ず引き渡されたままの室内の状態を確認・記録しておくということです。入居中に室内を壊したり汚したりしてしまった場合には、それを直す費用を大家さんから請求されることがあります。ところが、自分には身に覚えのない部分が壊れていた、汚れていたといって、退去時に大家さんから支払いを求められてトラブルになる例がとても多くみられます。入居時に、大家さんから引き渡されたまま荷物を入れる前の室内の状況をくまなく写真で撮影保存しておき、退去時等に問題になったときには、自分の責任でないということを証明できるようにしておくことがトラブル防止の観点から重要です。

（弁護士　太田和範）

17

アパート上階の住人から迷惑行為を受けたら？

〔設例〕A君は、アパートで一人暮らしをしていますが、上の階の住人の迷惑行為に大変苦しんでいます。どうやらA君と同じく学生のようですが、夜中に大音量で音楽を掛けて仲間と大声で騒ぐ、楽器を演奏するなどの行為が日常的に行われていま
す。さらに、この前は、上の階からA君の部屋に水が漏れてきて、A君の部屋の中の物が濡れてしまうといったこともありました。
このような迷惑行為にはどのように対応をしたらよいのでしょうか？

1 隣人の迷惑行為について

アパートなどの集合住宅においては、多くの人が同じ建物の中で生活を送っており、隣人間でトラブルが発生することも多いと考えられます。事例のような騒音のトラブルはもちろん、悪臭や水漏れ、ペットの飼育をめぐる問題、より悪質な嫌がらせ行為など、多種多様なトラブルが生じることがあります。このような隣人からの迷惑行為に遭遇してしまった場合、どのように対応をするべきでしょうか。

2 賃借人（大家さん）の法的責任

まず隣人自身に対して注意をしたり、話し合いを行うことで解決すればそれに越したことはありません。しかし、当事者の個性によっては、そのように上手く解決をすることができない場合もあると思います。そのような場合には、賃貸人（大家）に対して迷惑行為への対応を行うことを要求することが有効な場合があります。大家は、賃貸人として、賃借人に対して、賃貸物件を居住の目的に適合した状態で提供をする義務

があります。隣人の騒音等の迷惑行為によって、賃借人の日常生活に支障が出るほどの状態になっている場合には、賃貸人としての義務を履行していないことになります。そこで、大家さんに対して現状の改善を求めることができますし、改善要求に対して何も対応せず放置をした場合などには大家さんに対して債務不履行に基づく損害賠償を求めることができます。もちろん行為者である隣人自身に対して不法行為を根拠に損害賠償請求を行ったり、場合によっては差し止め請求を行うことも考えられます。

DIRECTIONS 隣人や大家に対して、何らかの法的な責任を追及することを考える場合、当該行為が法的に違法といえるような行為であることを証明する必要が生じます。そして、ある迷惑行為が法的に違法であるかどうかについては、「受忍限度」を超えているかどうかという基準により、判断されることになります。まずは、迷惑行為の態様と程度から悪質性をどの程度立証できるかどうかが問題となります。迷惑行為に遭遇したら、記録・証拠を集めることが非常に重要になります。騒音であれば録音をすることで音量やその時間帯、回数などを記録することが考えられますし、他の迷惑行為においても、隣人とのやり取りや状況を客観的に記録することで迷惑行為の態様と程度に関する具体的な証拠を残すことが大切です。なお、水漏れの場合には、水漏れの原因の究明がまず重要になります。室内の水漏れの状態を写真等で保存するとともに、速やかに管理会社等に連絡をして状況を確認してもらいましょう。

なお、以上のことは、当然自分が迷惑行為を行ってしまった場合にも当てはまります。賃貸借契約上の義務はもちろん、社会的なマナーを守って生活を送ることが望ましいと考えられます。

（弁護士 太田和範）

18

ルームシェアや同棲をするときの注意点は？

〔設例〕A君は、アパートで一人暮らしをしていますが、アパートが大学から近いので、友達がよく泊りに来ます。あるとき、友達から家賃を半分払うからルームシェアをさせてくれないかと提案を受けました。何か問題はあるのでしょうか？これが恋人とアパートで同棲を始めるような場合ならどうでしょうか？

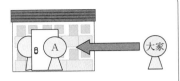

1 居住制限人数違反は契約の解除事由となること

アパートを借りるときには、大家さん（賃貸人）と建物賃貸借契約を締結することになります。建物賃貸借契約書には、一般的に契約者（賃借人）の氏名のほか、契約者と同時に居住をする予定の者（同居人）の氏名、人数などを記載することになっています。これにより、当該建物に居住をすることができる者、その人数が契約の内容として特定されていることになります。したがいまして、これに反し契約時に予定をしていた者以外の者を居住させることは契約違反となります。

2 信頼関係破壊の法理

他方で、賃貸借契約のような継続的契約関係においては、軽微な契約違反・義務違反が存在したとしても、それが当事者間における信頼関係を破壊するに至る程度のものでなければ、契約の解除をすることはできないと裁判実務では考えられています。これを「信頼関係破壊の法理」と呼び、信頼関係が破壊されたとは評価できない場合には、契約の解除は直ちに行うことができないことになります。したがって、実家から親が訪ねてきた際や、たまに友人を泊めるといった程度であれば、信頼関係が破壊されたと評価できないことから、契約を解除することはできな

いと考えられます。他方で、友人とはいえ長期間にわたり寝泊りをさせるルームシェアということになると、貸借契約における信頼関係を破壊する行為であると考えられる可能性が高いため、賃貸借契約の解除が認められることになると思われます。

　なお、近時、「民泊」といって、居住用の建物において宿泊料を取って第三者を宿泊させるといったこともよく行われています。これは直ちに第三者への無断転貸行為を構成することになると考えられるため、原則として賃貸借契約の解除事由を構成する行為になります（民612条2項）。ルームシェアと同様、大家さんに無断で民泊を実施するようなことはないようにくれぐれも気をつけましょう。

DIRECTIONS 　このように、借りているアパートにおいて、契約当事者以外の人間を寝泊りさせることは基本的には賃貸借契約の解除事由を構成することになります。仮にルームシェア等を考える場合には、入居時に締結した賃貸借契約書の内容をよく確認したうえで、まずは大家さんに相談をするようにしましょう。大家さんに相談を行い、同意を取り付け、他の居住者の同居を前提とした契約を再度締結することができれば、法的な問題はなくなるということになります。なお、仮に契約書上で居住人数が明確に規定されていないとしても、学生用の単身居住用のアパートであることが明らかである場合には同様に居住制限人数違反となる場合があると考えられますので、この点にも留意しましょう。

　以上に見たように、契約時に予定をしていなかった第三者を同居させることは基本的に契約違反となります。これは、恋人と同棲をする場合でも異なるところはありません。恋人だから、親友だから、兄弟だからといった属性に関わらず、必ず大家さんに相談をして同意を取ることが望ましいと考えられます。

（弁護士　太田和範）

19

大家さんが替わって、家賃を上げると言われたら？

〔設例〕Aさんは、アパートで一人暮らしをしていますが、突然知らない人から手紙が来て、アパートを前の大家さんから購入したので自分が新しく大家になったこと、今後は家賃を上げるといったことが書いてありました。Aさんは本当にこの人に家賃を払っていいのでしょうか？また、家賃の値上げにも応じなければいけないのでしょうか？

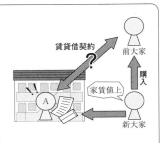

1 賃貸人の地位の移転

賃貸借契約の目的物である建物が他人に譲渡された場合、賃貸借契約はどうなってしまうのでしょうか。前の契約はなかったことになってしまい、賃借人は追い出されてしまうのでしょうか。そもそも借りている人がいる建物を賃借人に断りもなく他の人に譲渡することはできるのでしょうか。

このように建物が第三者に譲渡された場合の賃貸借契約について、最高裁判所は賃貸物の所有権の移転に伴い賃貸人としての地位は当然に移転するとし、またその際に原則として賃借人の承諾は必要ないとしています。また、賃借人は、建物の引き渡しを受けていれば、その権利を新しい建物所有者に対抗できることになっています（借地借家31条）。

したがって、結論としては、賃貸借契約が結ばれている状態でも賃借人の承諾なく建物を第三者に譲渡することは認められるが、新しい建物の所有者との間に旧来と同じ内容の賃貸借契約が受け継がれ、賃借人は引き続き建物に住むことができることになります。この際、家賃は新しい大家さんに支払うことになります。建物の持ち主が本当に

変更されたのかどうかが不安であるときは、元の大家さんか、手続きをした不動産屋さんに確認をしてみましょう。

2 家賃の値上げに応じる必要はない

さて、大家さんが替わったとしても、賃貸借契約がそのまま引き継がれるということは先ほど説明をした通りです。それは当然賃料等の契約の内容も「そのまま」ということですので、大家さんが替わったとしても、家賃を値上げするといった変更を一方的に行うことは許されません。あくまで大家さんが変わったことに伴って、契約内容の変更をしたいというお願い・打診に過ぎませんので、賃借人においてそれに応じる義務はありません。もちろん、大家さんが一方的に決めてきた家賃の額に従わなかったからといって、アパートを追い出されるということもありません。

DIRECTIONS

以上のように、大家さんが替わった場合にも、基本的には今までと変わりなくアパートに住み続けることができます。

そのうえで、家賃の値上げに関しては、先ほど述べたように基本的に応じる義務はありません。ただ、社会情勢の変化等によって、賃料が周辺の相場に比べて不当に安い場合などには、大家さんとしても家賃の増額を請求することが法律上できることになっています（借地借家32条）。大家さんの申し出が納得のできるような範囲のものであれば、応じることを検討してもよいかもしれません。判断に迷ったら、弁護士等の専門家に相談をしてみるとよいでしょう。

なお、支払う賃料の額について大家さんと折り合いがつかない等で、大家さんが自分の決めた額以外の家賃を受け取ることを拒否しているような場合には、供託所に家賃を預けておく「供託」という制度があります。必要な際には是非調べてみて下さい。

（弁護士　太田和範）

20

大家さんから立ち退きを求められたら？

〔設例〕Aさんは、アパートで一人暮らしをしていますが、大家さんから孫に使わせてやりたい、来月でちょうど契約の期間が終わるので出て行ってくれないかと突然言われました。Aさんは応じなければいけないのでしょうか？

1 立ち退き請求の法律上の意味

いわゆる立ち退き請求とは、賃貸人である大家さんから、賃借人であるアパートの等の居住者に対して、賃貸借契約の終了を求められているということを法律上意味します。

もちろん、賃料の長期間の不払いや契約上の用法違反等の事情があれば、賃貸借契約を解除されてしまい追い出されてしまうことは仕方のないことですが、賃借人にこのような理由がない場合に、大家さんの都合で追い出されてしまうなどということがあるのでしょうか。

2 普通賃貸借契約は当然に更新がされる

まず、借地借家法は、「建物の賃貸借について期間の定めがある場合において、当事者が期間の満了の一年前から六月前までの間に相手方に対して更新をしない旨の通知（中略）をしなかったときは、従前の契約と同一の条件で契約を更新したものとみなす」と規定しており（借地借家26条1項）、仮に賃貸期間が2年間と定められていた場合であっても、賃貸人賃借人のどちらからも更新をしない旨の連絡がない場合には、当然に契約期間が更新されます。したがって、契約期間が満了するからといって、契約が終了することになり、住居から直ちに出て行かなければならないということはありません。（なお、以上の説明は「普通賃貸契

約」における話です。仮に契約が「定期賃貸借契約」である場合には、契約更新は基本的にできません。**16** 参照）。

　また、仮に、賃貸人の側から契約の更新拒絶をする場合であっても、賃貸借契約期間が満了する1年前から6ヶ月前までの間に更新を拒絶するとの通知をした上で、更新拒絶についての正当な事由が賃貸人に備わっている必要があります（借地借家28条1項）。この「正当事由」が認められるかどうかは、賃貸人が住居を必要とする事情や、賃借人に支払う経済的補償（立退料）等を総合的に考慮して決めることになります。大家さんが単に気まぐれで出て行ってほしいといっているような場合に認められないことは当然ですが、賃貸人にもきちんとした理由が必要になります。

DIRECTIONS　以上のように、大家さんから立退きを求められたとしても、それだけでは当然に契約は終了することになりませんので、直ちに立退きに応じる必要はありません。まずは①契約期間があとどれくらい残っているのか、②大家さんはいつまでに出て行ってほしいと言っているのか、③大家さんの要求は「契約期間満了の1年前から6ヶ月前までの間に通知をしなければならない」という法律上の要件を満たしているのかを確認しましょう。設例のように来月出て行ってくれという要求は、それだけでこの要件を満たしていないことになります。

　その上で、④大家さんはなぜ出て行ってほしいと言っているのかを大家さんにきちんと確認し、それが「正当事由」として認められるかどうかを判断することになります。この点、正当事由の存在が法律上認められるのかどうか、その場合の立退料の決め方等については、かなり専門的な判断が求められます。自分で安易に判断をするのではなく、大家さんから連絡を受けた段階で弁護士に相談にいくことが望ましいと考えます。

（弁護士　太田和範）

21

アパートを退去するとき敷金は返してもらえる？

〔設例〕 A君は、アパート入居時に敷金10万円を差し入れたので、卒業で退去時にその返還を請求したところ、大家Bから、①壁に絵画を吊した穴が空いている、②冷蔵庫の裏が電気焼けで黒ずんでいる、③風呂の排水溝がゴミで埋まっているとし、

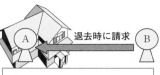

《入居時の特約条項》
「壁の張替費用、部屋のクリーニング代は賃借人の負担とする」

壁紙の張替えと部屋のクリーニング費用として敷金を充てるから返還する金銭はないと言われました。契約書を見ると、特約事項として「壁の張替費用及び部屋のクリーニング代は賃借人負担とし、退去時には敷金と清算する」との条項が入っていました。このような条項は有効なのでしょうか。

1 敷金は何のために差し入れるのか？

「敷金」は、賃借人が賃借物に与えた「損害」をそれから差し引くために、予め家主に差し入れるものです（民622条の2）。賃貸借契約が終了する際に、賃借人は、賃借物を原状に復して帰さなければなりませんが、ここでいう原状回復とは、純粋な「原状」の回復ではなく、「通常損耗」（通常の使用及び収益によって生じた賃借物の損耗）と「経年変化による損耗」は除かれます（民621条）。これら損耗は、家主が「賃貸物の使用及び収益に必要な修繕義務」を負っているため、家主の負担となるのです（民606条1項）。

そうすると、敷金から差し引かれる損害とは、債務不履行（賃料不払い）や故意又は過失で発生させた損害（壁に穴を空けたなど）です。

2 「賃借人負担」とする特約は有効か？

ところが、契約は自由ですから（契約自由の原則）、通常損耗についても、特約でこれを

賃借人負担とすることは可能となります〔設例〕。しかし、これを無条件に認めることは、621条や606条の法規範の精神に反し、賃借人に不利益をもたらすことは明らかです。

　そこで、最高裁判決は、その特約を賃借人が明確に認識していなければならないとし、この判決を受けて、「国交省ガイドライン」は、「賃借人に特別の負担を課す特約の要件」として、(a) 特約の必要性があり、かつ、暴利的でないなどの客観的、合理的理由が存在すること、(b) 賃借人が特約によって通常の原状回復義務を超えた修繕等の義務を負うことについて認識していること、(c) 賃借人が特約による義務負担の意思表示をしていること、が必要だとしています。

　国交省ガイドラインは、さらに具体的に、家主が負担する通常損耗として、「家具の設置による床やカーペットのへこみ，ポスターを貼ったピン・画鋲の穴、冷蔵庫の後ろの黒ずみ（電気やけ）」などを、他方、借主が負担する特別損耗として、「重量物を掛けるために壁に開けた穴、冷蔵庫の下にできた錆」などを、掲げています。

DIRECTIONS　　　＊国土交通省「原状回復をめぐるトラブルとガイドライン」（再改訂版・平成23年8月）http://www.mlit. go.jp/jutakukentiku/house/torikumi/honbun2.pdf

　＊消費者契約法10条「民法、商法その他の法律の公の秩序に関しない規定の適用による場合に比し、消費者の権利を制限し、又は消費者の義務を加重する消費者契約の条項であって、民法1条2項に規定する基本原則に反して消費者の利益を一方的に害するものは、無効とする。」

（早稲田大学教授　近江幸治）

STAGE 3

ネット・SNSでのトラブル

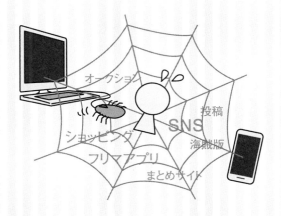

22

ネットショッピングで買った物が来ないんだけど？

〔設例〕性能が高いパソコンなのに10万円と比較的安かったので、インターネットショッピングで買いました。ところが配送予定日過ぎても品物が届きません。クレームを入れたところ、配送会社のせいで遅れているとか言い訳して、まじめに取り合ってもらえていない感じがします。まだ、買ってから5日しか経っていませんが、クーリングオフはできませんか？

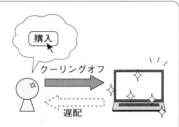

1 インターネットショッピングと規制

インターネットショッピングは、店舗に行く必要がなく、買って持ち帰る必要もなく、近年ニーズがどんどんと広がっています。一方で、目に見えない相手との取引であるうえ、手元に商品が届くまでタイムラグがあり、先払いの契約が多いことから、トラブルも多く存在します。

そこで、インターネットショッピングを含む通信販売について、特定商取引法は、一定の規制をしています。ここでいう通信販売とは、カタログなどの広告を見て、通信手段で申し込みをする取引類型のことで、広告を見て電話をして注文するもの、テレビショッピングなども含まれます。

通信販売では、誇大広告の禁止はもちろん、前払い式の場合に領収書面の交付を義務付ける等、いくつかの規制があります。そして、広告には、必ず記載しなければならないことが法律で定められています（特定商取引11条、同施行規則8条）。具体的には、価格、支払時期および

50　UNIT I　日常生活──STAGE 3　ネット・SNSでのトラブル

方法、引渡時期および方法、返品制度の有無および内容、事業者の氏名等です。これらの情報がきちんと書かれていなければ、その販売業者は疑ってかかった方がよいでしょう。

2　クーリングオフは？

しかし、肝心のクーリングオフ制度は、残念ながらありません。これは、広告を見た人間が自分の自主的な判断で取引をするためにアクセスを図っているから、冷却期間を置かなくても正しい判断ができるはずであるという通信販売の性質によるものです。

ただ、インターネットショッピングの場合、現物をこの目でみることなく、契約をするので、想像と違うというトラブルは多く、事業者の側で自主的に返品制度をもうけていることも少なくありません。クーリングオフがないからといってすぐにあきらめるのではなく、返品制度を認めていないか、購入したサイトに戻って確認してみましょう。1の説明に書いてあるとおり、返品制度の有無は表示義務があります。返品制度の記載がなければ、クーリングオフに似た返品制度が適用され、商品受取から8日以内であれば、解除ができます（特定商取引15条の3）。この場合、クーリングオフと違って、解約に伴う手数料は、購入者負担です。

DIRECTIONS

設例の場合、販売者が引渡し予定日に引渡しをしていないという債務不履行があります。このような場合、債務不履行に基づく解除（民541条）を主張できます。したがって、仮に返品不可と記載されていたとしても、解除をして、代金の返還請求をする余地が残っています。

ただ、このようなトラブルを起こす業者には、詐欺的な業者も多く存在します。取引前に表記をよくチェックする習慣をつけましょう。法定されている表記がきちんとあるかも、一つのチェックポイントです。

（弁護士　塩川泰子）

23

ネットオークションで買った物がひどいんだけど？

〔設例〕以前から気になっていたハイブランドのお財布がインターネットオークションに出ていました。ちょうどアルバイト代が入ったところだ
ったこともあって、思い切ってオークションに参加し、3万円で落札しました。ところが届いた品物は一目でニセモノとわかるものでした。お金を返してもらいたいですが、何かできることはありませんか？

1 何が主張できるか？

インターネットオークションで落札した場合、落札額で出品されていた品物を買う売買契約が成立したと考えられます。売買契約において、売主は目的物を引き渡す義務を負い、買主は売買代金を支払う義務を負います（民555条）。目的物は、インターネットオークションの場合、説明書きや写真等で特定され、これによって特定されるものと同じものを引き渡す義務があるといえます。

設例の場合、説明書き等から、質問者がほしかったとあるハイブランドの財布として特定されていたものと認められます。旧法下では、オークションで取引される中古品などのように、特定されたある物を売買の目的にする場合、現状で引き渡せば、足りるとされていましたが、新民法562条により、引き渡された目的物が契約の内容に適合しないものであるときは、買主は、自分に責任がない限り、「直せ」「代替品を渡せ」など、契約の内容に合致する債務の履行を求められることになりました。もし、それができないのであれば、解除や債務不履行に基づく損害賠償を主張することができます。具体的には、代金相当額や送料等の損害を賠償するよう請求できます。

また、ブランド品の売買の場合、通常、そのブランドであるかどうかは、取引をするかどうかの決め手となる大事な要素ですから、錯誤があったとして契約の無効を主張することができるでしょう（民95条）。また、故意に事実と異なる説明書きをしたのであれば、詐欺であるとして、取り消しを主張する余地もあります（民97条）。この場合も代金の返還を請求できますし、詐欺が認められれば、不法行為（民709条）に基づく損害賠償の余地もあります。

2　現実問題……　以上から、基本的に、代金を取り戻す主張くらいはできるはずです。ただ、問題は、インターネットを介して契約をしているために、支払後、連絡がとれないケースが往々にしてあるということです。

　また、大体の被害額が数千円から数万円の間であり、煩雑な手続きを取るくらいならと泣き寝入りすることがほとんどです。

　腹立たしいから詐欺事件として警察に被害届を出すというのは、未来に向けた被害の拡大防止という観点から役立つものと思われます。詐欺というのは、嘘をついているという認識の立証が必要なので、警察もなかなか動いてくれない傾向があるのは事実ですが。

　現実として、被害回復が難しい傾向が強く、リスクの高い取引であることは認識していた方がいいでしょう。取引をする前に、売主の情報を可能な限り確認しておくことも大切です。

（弁護士　塩川泰子）

24

フリマアプリ、何を気をつけたらいい？

〔設例〕去年は、バイトもしていろんな服を買っていたのですが、今年は大学が忙しいので、CMでもよく見かけるフリマアプリで売買を始めようと思っています。でも、よくトラブルがあると聞くので、何を気をつけたらいいか、教えてください。

1 フリマアプリとは？

フリマアプリとは、フリーマーケットのように個人間での取引をインターネット上で実現するアプリのことをいいます。スマートフォンで商品を撮影し、価格や商品説明などを加えて出品できるので、非常に簡単に始められるのが特徴です。インターネットオークションと違って、固定価格で売買できるので、落札できるかどうかの待ち時間などもなく、その気軽さが好評で、飛躍的に利用が増えてきています。

フリマアプリは、登録料や出品料がかからず、取引成立時に手数料を支払う仕組みになっているものが一般的です。

2 どんなトラブルがある？

構造的に、売買自体は、個人間で行われるので、買主が消費者として保護されることはありません。約束どおり、品物が届かない、支払がない、想像していた品物と違うなど、インターネットを介した売買ではありがちなトラブルを対等な当事者として解決するよう努力しなければならなくなります。**23**のインターネットオークション同様、リスクの高い取引であるといえ、取引をする前に、売主の情報を可能な限り確認しておくことが大切です。

54　UNIT I　日常生活——STAGE 3　ネット・SNSでのトラブル

最近では、いろんなトラブルを経験して、アプリ提供会社の事務局が一定の補償をする場合もあります。今はまだルール自体が試行錯誤の時期であり、どのような場合に補償してもらえるかどうかは必ずしも明らかではありませんが、トラブルが自力でどうしても解決できなければ、諦めずに事務局へ相談することも考えましょう。

3　古物商許可は必要？

　古物（中古品）の販売には、犯罪被害品の流通を助けるリスクがあります。そのため、古物の販売を営業するには、公安委員会の許可が必要だという法律があります（古物3条）。

　自分のために買ってきた物をフリマアプリで売る分には問題ありませんが、転売目的で仕入れたものを売る場合は、営業のためにやっていると認められ、古物商許可が必要になります（警視庁ホームページ http://www.keishicho.metro.tokyo.jp/tetsuzuki/kobutsu/kaisetsu/kakunin.html）。

4　こんなものも売っているけど？

　フリマアプリは、新しいサービスですし、気軽に始められるので、法規制をかいくぐるような使い方をされる場合もあります。少し前には、現金を額面額より高く売る出品が多発し、話題になりました。例えば、現金3万円を4万円で売るといった感じです。

　これは、ショッピングカードでの決済を利用して、現金を手に入れたい、お金のない人をターゲットとした出品だっただろうとみられています。出資法違反で逮捕された例もありますし、マネーロンダリングを可能にしてしまうなど、いろんな危険性が指摘されています。現在、大手フリマアプリは、現金の売買を禁止して、対応していますが、次々、いろんな問題が起こる可能性があるので、怪しいものには気をつけましょう。

（弁護士　塩川泰子）

25

ネット上でウソやプライバシーを書かれてしまったら？

〔設例〕A君は、大学の友人であるBさんのブログに、「AはC子と付き合ってるのに、D子とも二股をかけてる。最低男！」と書かれているのを見つけてしまいました。また、Bさんは、twitterでも同じことをツイートしていたため、A君のたくさんの友人に知れ渡ってしまいました。実際、A君がC子さんと付き合っていることは事実ですが、A君が同時にD子さんと交際したり、男女の関係になったことはありません。
A君はBさんに対し、法的にどのようなことを言えるでしょうか。

1 名誉毀損とは

名誉毀損とは、人の品性、徳行、名声、信用等の人格的価値について社会から受ける客観的価値である名誉を違法に侵害することをいうとされています。

名誉毀損は、メールや電話などで一人又は特定かつ少数の人に嘘の事実を伝えるだけでは成立せず、「公然と」、すなわち、不特定又は多数の人に伝えた場合にはじめて成立します。

また、単に「バカ」とか「最低男」といった評価を述べるだけでは名誉毀損にはならず、「侮辱」になるにとどまります（この場合も、損害賠償請求や刑事罰の対象になりえます）。悪口を言われる＝名誉毀損になると誤解している人が多いので注意して下さい。

名誉毀損が成立する場合、民事上の慰謝料請求や当該表現の削除請求ができるほか、その表現内容や態様が悪質な場合には「名誉毀損罪」（刑230条第1項）として、刑事罰を科されることもありえます（実際には、よほど悪質なものでない限り、立件されることはきわめて稀です。）

もっとも、名誉毀損が成立する場合であっても、①公共の利害に関する事実に係ること（公共性）、②専ら公益を図る目的であること（公益性）、③摘示された事実が真実であるか（真実性）、又は真実であると信じるに相当な理由がある場合（真実相当性）には、例外的に当該表現者は法的責任を負わないとされています。

2　プライバシーとは　プライバシーの定義を明確に定めた法律はありませんが、裁判例上、「私生活をみだりに公開されないという法的保障又は権利」、「他人に知られたくない事実を公開されないという法律上の保護に値する利益」など、様々な定義がされています。簡単にいえば、プライベートに関する内容を自己の意思に反して公開された場合には、プライバシー侵害として、慰謝料請求や削除請求の対象になるということです。

3　ネット上の名誉毀損・プライバシー侵害　説例のA君は、名誉毀損及びプライバシー侵害を理由に、Bさんにツイートの削除や損害賠償請求ができます。

　特に、インターネット上では匿名による書き込みも可能であるため、安易な気持ちで他人を誹謗中傷する書き込みをしてしまう危険性があります。もっとも、匿名による書き込みであっても、プロバイダ責任制限法による発信者情報開示制度等を利用することにより、表現者の住所・氏名等が特定される場合もありますので要注意です。

DIRECTIONS　ブログやSNSで情報発信をする際には、そもそも情報発信をする必要があるのか、情報発信により他人を傷つけることにはならないかをよく考えた上で、慎重に発信するようにして下さい。

（弁護士　山縣敦彦）

26
SNSの投稿に写真やポスターが写り込んでいたら？

〔設例〕A君は大好きなタレントの写真集を購入し、写真集の中で特にお気に入りの写真が掲載されているページを開いて写真を撮り、この写真をSNSに投稿しました。
Bさんは、自撮り棒を使って街中で友達と一緒に写真を取りSNSに投稿しましたが、その写真の背景に、映画のポスターが写り込んでいることに気付きました。
A君、Bさんの行為は法律的に問題ないのでしょうか。

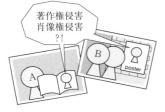

1 写真集・画集の撮影とSNSへの投稿

写真集や画集に掲載されている写真や絵画は、「思想又は感情を創作的に表現したもの」（著作2条1項1号）として、「著作物」に当たるのが通常です。映画のポスターも同様です。

そして、創作者の許諾なくカメラやスマホで著作物である写真や絵画を撮影し、その写真をSNSに投稿することは著作権のうち公衆送信権（著作23条1項）の侵害になってしまいます。

表紙だけの撮影・投稿であれば、著作権侵害であるとしても著作権者（写真集の出版社やタレントが所属する芸能プロダクション等）から特段クレームされないことも多いでしょうが、設例のA君のように写真集の中身の写真を撮影してSNSに投稿するなどした場合には、著作権者から著作権侵害であるとして警告されることがあるかもしれません。

さらに、人物の写真の場合には、著作権侵害の問題に加えて、肖像権侵害の問題にもなりえます。

2 「写り込み」とは？ 写真の背景等に別の著作物が写り込んでいる場合があります。これを「写り込み」の問題といいます。

この「写り込み」の問題について、著作権法第30条の2第1項は、撮影の対象から分離することが困難である付随して対象となる著作物については、これを複製・翻案することができるとしています。ここでいう「分離することが困難である」かどうかは、社会通念から客観的に認められる必要があります。さらに、同項ただし書では、「著作権者の利益を不当に害することとなる場合はこの限りでない」とされており、著作権者の著作物の利用市場と衝突するか、あるいは将来における著作物の潜在的販路を阻害するかという観点等から、最終的には司法の場で個別具体的に判断されることとなります（文化庁「いわゆる『写り込み』等に係る規定の整備について」）。

設例のBさんの場合、本来意図した撮影対象はBさんとその友達であったわけですが、街中に設置されていた映画のポスターがたまたま背景に写り込んでしまったものです。このようなケースは、「分離することが困難である」と言えるでしょう。逆に、映画のポスターだけを撮影し、SNSに投稿した場合には、上記著作権法第30条の2第1項の適用はなく、映画会社が実際にクレームをしてくるかどうかは別として、法的には著作権侵害に該当する可能が高いといえます。

なお、屋外の場所に恒常的に設置されている美術の著作物については、一部の例外を除いて自由に撮影やSNSへの掲載ができます（著作46条）。

DIRECTIONS 撮影した写真を個人や家庭内で楽しむ分には構いませんが（著作30条1項）、インターネットを通じて拡散する際には、常に他人の著作権や肖像権を侵害していないか、意識するようにして下さい。

（弁護士　山縣敦彦）

27

「まとめサイト」を作っても OK ?

〔設例〕A君は芸能関係のゴシップネタをまとめたサイトを作ろうと思い立ち、週刊誌をはじめ、「Yahoo! ニュース」などのネットニュースサイト、匿名掲示板「2ちゃんねる」などから面白そうな記事を見つけてきては、自身が運営するホームページに記事本文を転載したり、これらのサイトへのリンクを張りつけるなどしています。A君の行為は著作権法上問題ないのでしょうか。

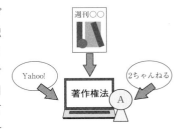

1 「まとめサイト」とは

「まとめサイト」とは、特定のテーマに関する情報や記事を収集・集約して掲載したインターネット上のウェブサイトのことをいいます。「キュレーションサイト」と呼ばれることもあります。これらのサイトは、アフィリエイト（成果報酬型）広告と連動させることで、サイト運営主が容易に広告収入を得ることができるため、あらゆるテーマの「まとめサイト」がネット上に氾濫しています。

これらのサイトにアクセスすれば特定のテーマに関する情報を短時間で手間なく得ることができるため、非常に便利なツールである反面、そもそも掲載されている情報が正確であるとは限らないというインターネット特有の問題点のほか、著作権侵害の危険性や違法コンテンツのダウンロードに巻き込まれてしまう危険性もあります。

2 著作権侵害の危険性

他のサイトに掲載された記事をコピーしてそのまま自己のサイト等にペーストして掲載する行為は、著作権のうち複製権（著作21条）や公衆送信権・送信

可能化権（著作23条1項）の侵害となる可能性があります。

　もっとも、著作権法第32条が定める「引用」の要件を満たす転載は例外的に認められます。裁判例において、適法な「引用」とは、①自己が創作した部分と、他人が創作した部分（引用部分）とが明瞭に区別されていること（明瞭区別性）、②量的・質的に見て、自己が創作した部分が主であり、引用部分が従といえること（主従関係性）が必要であるとされています。すなわち、出所を明示した上で、引用部分を括弧で括るなどしてどこからどこまでが引用部分であるかを明瞭にしておくことのほか、あくまで自己の創作部分を補足する限度で引用部分を使用しなければなりません。

　まとめサイトにおける転載は、一般に他のサイトの記事をそのままコピペしているだけのケースが多く、このようなケースでは著作権侵害となってしまうことになります。

3 違法コンテンツのダウンロード　動画や音楽が違法にアップロードされていること（例えば、市販のCD・DVDや有料配信されたコンテンツの複製であること）を知りながらURLリンクをクリックしてコンテンツをダウンロードした場合には、著作権法第30条第1項第3号により、私的に使用するためにダウンロードした場合であっても複製権侵害とされ、被害者からの告訴があれば同法第119条第3項により刑事罰が適用される可能性もあります（ダウンロードをせず、ストリーミング形式で視聴したにすぎない場合には複製権侵害にはなりません）。

DIRECTIONS　まとめサイトを作る際にも、まとめサイトからコンテンツのダウンロードを行う際にも、著作権法に抵触しないかを十分に意識する必要があります。

（弁護士　山縣敦彦）

_28_
ソフトウェアの海賊版を売ってしまったら？

〔設例〕A 君は、大学の友人である B 君から、有名なワープロや表計算のソフトウェアの海賊版をコピーして売るビジネスを一緒にやらないかと誘われました。

A 君は「海賊版」という言葉は聞いたことがありましたが、どういうものなのか正確にはわかっておらず、B 君の誘いを受けるか迷っています。

A 君がこのような行為をしたら、どうなるのでしょうか。

1 海賊版とは

海賊版（海賊盤ともいいます）は、「pirated edition」という英語の日本語訳で、著作権や商標権といった知的財産権を侵害して製作・販売されている音楽や映像を記録した媒体やソフトウェアのことをいいます。

近時のメディア媒体には、複製しようとしてもできない加工がされているものも多くありますが（コピーコントロール CD など）、特殊な処理を施すなどにより、複製可能な状態にすることも行われています。このような海賊版やそのコピーを作成する行為は、著作権の1つである複製権（著作21条）の侵害として違法となります。また、海賊版の CD や DVD 等を製作する際に、ジャケットに印刷されているロゴマークなどをそのままコピーして使用すると、多くの場合、商標権侵害も併せて成立します。

2 海賊版を製作・販売した場合

著作権侵害や商標権侵害が成立する場合、正規に商品を製作・販売している業者等から、販売の差止請求（通常、複製物の廃棄等の請求も含まれます）や多額の損害賠償

請求がされる可能性があります。

　お金の問題だけではありません。警察が動いた結果、逮捕されてしまう可能性があるばかりか、裁判で有罪となれば刑事罰を課されてしまいます。具体的には、著作権侵害・商標権侵害として、いずれも10年以下の懲役若しくは1000万円以下の罰金又はこれらの併科という刑が定められています（著作119条1項、商標78条）。もし、設例のA君がB君と一緒に株式会社を立ち上げるなどして、違法コピーやその販売を行った場合には、会社に対しても3億円以下の罰金が課されることもあります（著作124条1項1号、商標82条1項1号）。

3　海賊版を買ってしまった場合　ネット通販やオークションなどで、海賊版を買ってしまった場合はどうでしょうか。著作権法第113条第1項第2号は、著作権などを侵害する行為によって作成された物を、情を知って、頒布（有償・無償を問いません）したり、頒布の目的をもって所持した場合、「みなし侵害」として、著作権侵害と同一の法的責任を負うこととされています。ここにいう「情を知って」とは、著作権を侵害して作成された物であることを知りながら、という意味です。つまり、海賊版であることを知らずに買ってしまった場合には、法的責任は負わないことになります。このような場合、錯誤無効（民95条本文）や詐欺取消し（民96条1項）を主張することにより、代金を返還してもらうことになるでしょう。ここで、海賊版であることを知りながら友人などに転売してしまうと、上記「みなし侵害」に該当してしまいます。

DIRECTIONS　他人が労力や費用をかけて製作した商品をコピーして販売し、利益を得ていいはずがありません。うまい儲け話に乗ってしまったら、必ず大きな代償を払わなくてはいけないのです。

（弁護士　山縣敦彦）

29
インターネット上の詐欺への対応は？

〔設例〕A君は、インターネット上でアダルトサイトを閲覧していたところ、全く登録した覚えもないのに、突然、「会員登録が完了しました」との表示と共に、高額な会費を

請求するが画面が現れました。慌ててしまったA君は、請求してきた業者に連絡をしてしまい、自宅住所も伝えてしまいました。すると、その後、自宅に請求書が届くようになりました。A君はどのように対応すべきでしょうか。

1 インターネットにおける詐欺

インターネットにおける詐欺には様々な態様があります。代表的なものとしては、「フィッシング詐欺」（信用ある公的機関や企業になりますまして、メールやホームページ等で個人情報、口座情報、クレジットカード情報、パスワード等を不正に入手するもの等）、「ワンクリック詐欺」（契約が成立したかのように偽って利用料金を不正に請求するもの等）、「偽ウィルスソフト詐欺」（「コンピューターウィルスに感染しました！」等の警告文を画面に表示して電話をさせてソフトの購入をさせるもの等）などの他、知人のLINEアカウントを乗っ取って、振込め詐欺を行うものなどもあります。

2 詐欺や不当な請求への対応

「フィッシング詐欺」については、現在、金融機関が、送金等取引時以外に、ログイン完了後あらためてIDやパスワード等の入力を求めることはありません。メール等により個人情報やパスワードの入力を求められても、入力は控えてください。もし入力をした場合には、すぐに銀行やカード会社に連絡をして、利用停止してください。

「ワンクリック詐欺」については、当然ですが、そもそも契約は成立しておらず、支払う必要はありません。仮に、契約の成立が一見認められそうなケースであっても、承諾する意思の有無について確認を求める措置が講じられていない（ネット上での確認画面がない）など、消費者側から錯誤により契約を無効にできる場合もあります。その他、不当に高額な費用や遅延損害金を請求されている場合や、確認画面の記載方法等が不適切な場合なども、契約を取り消せる可能性があります。

　なお、業者が債権回収会社などを名乗り、架空の請求書を自宅に郵送してくるケースがあります。連絡や支払いをしないと法的に大きな不利益が課されるような誇大な記載がなされていることも多く、受け取った側は不安な気持ちになると思います。しかし、業者に連絡を取ると、支払いの可能性があると思われ、かえって執拗に連絡がきてしまいます。ただし、裁判所を通じて、訴状や支払督促などの通知が送られてきた場合には、必ず裁判所に連絡し、確認と対応をしてください。そのまま放置しておくと、請求権が法的に確定してしまう可能性があります。

DIRECTIONS　　　A君は、金銭を支払う必要はありません。頻繁に請求書が届く場合や、請求書の記載に脅迫的な内容が含まれている場合、業者が自宅まできて威圧的に請求してきた場合には、警察または弁護士等に相談してください。

　相談の際には、業者から郵送物など、関係する全ての資料を持参してください。また、業者から電話または直接の接触があった際には、くれぐれも無理はしないで欲しいですが、可能な状況であれば、携帯電話等を活用して、業者とのやり取りの音声を録音したり、業者の写真を撮っておくなどしてください。

（弁護士　小島秀一）

30

冗談のつもりのインターネット投稿が威力業務妨害罪に？

〔設例〕A 君は、佃煮などに使われるイカナゴの一種である「小女子（コウナゴ）」が、「小さな女の子」と字が類似していることから、いたずらのつもりで「明日のお昼に B 小学校で小女子を焼き殺す」「おいしくいただいちゃいます」とインターネット上の掲示板に書込んだ。A 君としては、「小女子（コウナゴ）というのは魚だから問題ないよ」と言うつもりでしたが、B 小学校では大騒ぎになり、翌日から一週間近く、生徒達は先生の付添いのもと集団下校を行うことになってしまいました。A 君の行為にはどのような問題があるのでしょうか。

1 「小女子」は魚だから焼いても OK？

A 君の書き込みは、法律上どのような問題があるのでしょうか。まず、A 君の行為は、威力業務妨害罪に該当する可能性があります（刑234条）。

威力業務妨害罪の「威力」とは、「人の自由意思を制圧するに足る勢力の使用」をいうとされています。

A 君の行為は、本人が冗談のつもりであったにしても、「小女子」という「小さな女の子」や「小学校女子」と紛らわしい字面の単語を、「小学校で」、「焼き殺す」と極めて不穏当な言葉でつなげています。小女子（コウナゴ）で佃煮でも作るつもりであれば「小学校」や「焼き殺す」という言葉を入れる必要はありませんから、普通の感覚の人が「小学校で小女子焼き殺す」という文面を見れば、「小学校で女の子が焼き殺されるのではないか」と受け取っても仕方がないですし、その結果、本当は行う必要もなかった集団下校を小学校の先生達

が行わざるを得なくなったいうことですから、この書込みは「威力」に当たり、これによって小学校の業務が妨害されたということになります。

また、犯罪に当たるか否かという問題とは別に、A君は民事上の責任として不法行為責任（民709条）を負い、B小学校から損害賠償請求をされる可能性もあります。

2 インターネット上で目立ちたいという欲望が生むもの

モデルとなった事案では、書込みを行った男は裁判で「警察に捕まるか捕まらないかきわどい文章で勝負し、掲示板の反響が見たかった」と述べたそうです。

要は人より違ったことをして目立ちたいという話ですが、このような動機によりインターネット上に反社会的な行為を全国配信し、刑事事件まで発展する事案が増えています。

せっかくの書込みや動画に、沢山の反響が欲しいと思うのは自然な話ですが、目立ちたいがための「犯罪予告」、「犯罪自慢」で本当の犯罪者となってしまってはいけません。

さらに、このような事案が刑事事件化する場合には、既にインターネット上で問題となる投稿が炎上し、顔写真や氏名、所属が特定されていることも多いものです。一度炎上してしまった場合、拡散した個人情報を消去することはほぼ不可能です。

インターネットに何か書き込むときには、書込みの内容を見た人がどのように受け止めるか、この書込みと同じ内容を、友達や家族に言えるのかどうか、一度立ち止まって考えるようにしましょう。

（弁護士　渥美陽子）

STAGE 4

恋愛トラブル

31
女子高生と付き合ったら？

〔設例〕大学3年生のA君（21歳）は、弟の同級生であるBさん（17歳）と付き合っています。A君は、就職したらBさんと結婚しようと考えて、双方の親にも紹介済みで家族ぐるみの付き合いです。しかし、最近ワイドショーで18歳未満の人と付き合うと捕まるという噂を聞いたため、A君はBさんと別れた方が良いのか悩んでいます。A君はどうすればよいのでしょうか。

1 未成年者と交際するリスク

現在の民法731条によれば「男は、一八歳に、女は、一六歳に」なると結婚が可能になります（民法改正案では男女とも18歳に改正することが検討されています）。未成年との結婚が許されるのだから、それに至らない交際や同棲も当然許されそうです。しかし、未成年者については後述するように法令が特別の保護を置いていますので、未成年者と交際を行うとこれらの規定に抵触するリスクがあります。

2 未成年者との交際で起こりうる問題例

本稿では、未成年者との交際にあたりよく問題となる、(1)未成年者とのデートや同棲、(2)未成年者との性交渉の観点から、実例を挙げて説明します。

まず、(1)については、各自治体の青少年健全育成条例との関係で問題になります。各都道府県では、保護者の承諾がない「青少年」（18歳未満の者）の深夜の外出・外泊を禁止しています。「深夜」の定義は各条例によってまちまちですが、概ね23時から翌4時位の範囲です。

この時間帯に保護者の許可を得ないで青少年とデートをしたり、外

泊を行うと条例違反で処罰されることがあります。一例では、神奈川県では30万円以下の罰金となります（神奈川県青少年健全育成条例24条2項、53条4項9号）。

　また、(2)について、青少年健全育成条例は青少年と「淫行」「みだらな性行為」等をすることを禁止することを規定しています。同様に児童福祉法も第34条1項6号で「児童」（18歳未満の者）と「淫行」することを禁止する規定を設けています。

　この点、「淫行」の定義が不明ゆえ、規制対象が不明確という争いがありました。最高裁判所は昭和60年の判決で、「淫行」とは未成年者を「誘惑し……困惑させる等その心身の未成熟に乗じた不当な手段……のほか、……性的欲望を満足させるための対象として扱っている……」性交渉だと判断し、「真摯な交際関係」等があり社会的に相当な場合は対象外としました。なお、真摯な交際関係か否かは、年齢や性交渉の経緯、交際の態様等を判断するとしました。

　先ほどの判決は福岡県条例の案件ですが、現在は他の条例や児童福祉法でも「淫行」等の意義を同様に解しています。

　設例の場合では、A君は弟の同級生であるBさんと結婚前提で家族ぐるみの交際を行っているので、「淫行」と判断される可能性は低いと言えるでしょう。

DIRECTIONS　　未成年者と交際すること自体は違法ではありませんが、リスク回避の観点からは、結婚を前提とした真摯な交際である必要があります。もしそこまでの覚悟がないということであれば、プラトニックな関係に留めておくことをお勧めします。

（弁護士　渥美陽子）

32

飲み会でお酒を飲みすぎて性行為をしてしまったら？

〔設例〕大学生のA君は、大学のテニスサークルの飲み会で盛り上がり、大量のお酒を飲みました。飲み会が終わった後、好意を寄せていた後輩の女子学生Bさんを誘い、A君の自宅で飲み直すことにしました。お酒が弱いBさんがかなり酔っていたこともあり、A君はお酒の勢いでBさんを口説き、性行為をしてしまいました。A君の行為は法律上どのような問題があるでしょうか。

1 強制性交等罪

暴行又は脅迫という方法を用いて、他人と性交等をした場合には、強制性交等罪（刑177条）という犯罪が成立します。暴行又は脅迫という方法を用いずとも、また、被害者の承諾があった場合であっても、その被害者が13歳未満であった場合には、性交等をすれば全て強制性交等罪が成立します。ここでいう「性交等」には、口腔性交も含まれます。

本件設例においてA君は、暴行や脅迫という方法を用いたわけではなく、また、Bさんは大学生ですので、強制性交等罪の問題にはなりません。

2 準強制性交等罪

Bさんが正常な判断能力を有していた状態でA君と性行為に及んだ場合であれば、法律上問題にはなりません。

問題は、Bさんが飲酒により正常な判断能力を失っていた場合です。

被害者を泥酔、失神、睡眠、高度の精神障害等の状態（これを刑法178条では「心神喪失」と表現しています）にさせたり、また、そのような状態を利用して性交等に及ぶことは、準強制性交等罪（刑178条2項）

として、1で述べた強制性交等罪と同じ法定刑（3年以上の有期懲役）が適用されます。すなわち、強制性交等罪と同じ重罪になるわけです。

また、その被害者が「泥酔」とまではいかなくとも、飲酒により知覚や運動神経が著しく鈍る「酩酊」（めいてい）の状態になっていた場合も、「抗拒不能」として、先ほどの「心神喪失」と同様に扱われ、準強制性交等罪が成立します。

なお、性交等はせずに、わいせつな行為をするだけであっても、準強制わいせつ罪（刑178条1項）として、強制わいせつ罪（刑176条）と同じ法定刑が適用されます。

3　被害者の承諾

もしBさんが真意でA君と性行為に及んだ場合であれば、2の冒頭で述べたとおり、法律上問題はありません。

しかし、大量の飲酒をしていた場合、性行為の意味を十分に理解できていたといえるかどうかは非常に微妙であり、裁判では、被害者の「承諾」があったか否かが激しく争われることがあります。

DIRECTIONS　大量の飲酒をした状況下での性行為は、たとえ軽い気持ちで行ってしまった場合であっても、犯罪になってしまうケースがあることをしっかりと認識して下さい。お酒は何の言い訳にもならないのです。

（弁護士　山縣敦彦）

33

彼氏から裸の写真を撮らせてほしいと頼まれたら？

〔設例〕大学1年生のAさん（19歳）は、同じサークルの男子学生B君と交際しています。Aさんは、B君の優しい性格が好きで、卒業後には、B君と結婚したいと考えています。Aさんはある日、B君から、「Aさんのことが好きでたまらない。Aさんの裸の写真をラインで送ってほしい。」と頼まれてしまいました。Aさんは一度は断ったものの、B君は、「誰にも見せない。僕のことを本当に信頼していないの？」などと言われ、困ってしまいました。AさんはB君の要求に応じてもよいでしょうか。

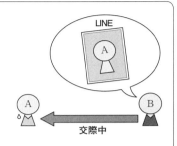

DIRECTIONS　結論として、AさんはB君の要求に決して応じるべきではありません。

1　AさんとB君が破局した後で……

AさんがB君に写真を送った後に、AさんとB君とが破局した場合、AさんはB君に対して、以前送った写真を消去してほしいと思うと考えられます。しかし、Aさんは自らの意思に基づいて写真を送っている以上、B君に対して、その写真を消去することを法的に求めることは困難です。

仮に、B君が、Aさんと別れた腹いせに、写真をインターネットを通じて拡散した場合には、B君は、私事性的画像記録の提供等による被害の防止に関する法律（通称「リベンジポルノ防止法」）によって、刑事上の責任を問われることになります。また、Aさんは、B君に対して損害賠償請求を行い、民事上の責任を問うことも可能ですが、現実的には立証は困難です。

ダウンロードされ、複製された個別のデータの消去を求めていくことは、現実的には困難であるといえ、インターネット上に拡散された画像を全て消去していくということは現実的には不可能です。

2 断った後のB君との関係について

　Aさんとしては、B君からの頼みを断った場合、B君に嫌われてしまうのではないかと不安を抱くかもしれません。しかしながら、交際相手が嫌がっていることを強要するB君との交際は、既に健全な交際関係を逸脱しています。ここで、AさんがB君の要求に応じてしまった場合、今後B君から、さらに過激な要求を受けることも予想されます。また、Aさんは、B君と別れて以降も、恥ずかしい写真が流出してしまうのではないかと不安な日々を送ることになります。その不安は、Aさんが大学卒業後に出会った男性と結婚した後も、さらには、Aさんが母親となった後も継続していくことになります。Aさんは、画像データは、インターネット上で、無限に複製と拡散を繰り返されるリスクがあることを十分に認識した上で、断固とした拒絶を行う必要があります。

（弁護士　白木敦士）

34

LINEで女子高生の裸の写真が共有されたら？

〔設例〕大学1年生のB君（19歳）は、所属するサークル仲間10名とLINEのグループを作成しています。ある日、サークルに所属する友人C君が、LINEのグループ上で、別れた彼女Aさん（17歳）の裸の写真を共有してきました。

B君は、密かに、Aさんの写真を自分のスマートフォンに保存してしまいました。また、B君は、Aさんについて、Aさんの実名、所属高校とともに、Aさんの裸の写真を匿名でインターネットの掲示板に投稿してしまいました。B君、そしてC君の行為は、それぞれ法律上どのような問題となるでしょうか。

1 C君の行為について

C君が、サークルのLINEグループ上で、Aさんの裸の写真を共有した行為は、私事性的画像記録の提供等による被害の防止に関する法律（通称「リベンジポルノ防止法」）に違反します。

リベンジポルノ防止法は、不特定多数が閲覧可能なインターネットの掲示板を通じて拡散した場合のみならず、LINEのグループ上など顔も名前も知っている友人同士の間で共有した行為についても、刑事罰を規定しています。この場合、リベンジポルノ防止法第3条3項により、C君は、1年以下の懲役又は30万円以下の罰金に処せられる可能性があります。なお、リベンジポルノ防止法の概要については、**43**を参照してください。

しかし、C君の刑事責任は、リベンジポルノ防止法違反にとどまり

ません。Aさんは17歳ですから、C君は、児童買春、児童ポルノに係る行為等の規制及び処罰並びに児童の保護等に関する法律（通称「児童ポルノ防止法」）にも違反することになります。児童ポルノ防止法上の「児童」は、18歳未満の者とされています（児童買春2条1項）。したがって、C君が、「児童」であるAさんの裸の写真を撮影する行為は、児童ポルノの「製造」（児童買春7条3項）に、C君がその写真をLINEグループで共有する行為は、児童ポルノの「提供」（児童買春2条2項）に、それぞれ該当します。C君は、児童ポルノ防止法によっても、3年以下の懲役又は300万円以下の罰金が科される可能性があります。

2 B君の行為について

(1) Aさんの写真をスマートフォンで保存した行為

児童ポルノ防止法は、児童ポルノを単に所持する行為についても刑事罰の対象としています（児童買春7条1項）。この場合、B君は、1年以下の懲役又は100万円以下の罰金に処せられる可能性があります。

(2) Aさんの写真を、Aさんの実名、所属高校とともに、匿名でインターネットの掲示板に投稿した行為

B君がその写真をインターネットの掲示板に投稿する行為は、C君と同様に、児童ポルノの「提供」（児童買春7条2項）に該当します。また、B君には、Aさんを明確に特定できる形で、投稿しているので、Aさんの社会的評価を低下させたとして、名誉棄損罪（刑230条1項）に問われる可能性もあります。これらに加えて、B君が、C君の報復行為を助長させたと評価されれば、C君によるリベンジポルノ防止法違反についての幇助犯とされる可能もあります。

（弁護士　白木敦士）

35

交際相手が妊娠した際の法的責任は？

〔設例〕A君は、同じ大学の同級生のBさんと交際していたところ、Bさんから、妊娠したこと、子どもを産みたいことを告げられました。A君は、Bさんに対して、結婚するつもりはないと拒絶したところ、その後、Bさんの両親から、「中絶するか産むか、まだ決めていないが、いずれにしても君には責任はとってもらう。」といわれました。A君はどのような法的責任を負うことになるのでしょうか。

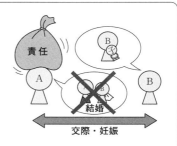

1 Bさんが人工妊娠中絶を選択する場合

そもそも、法律上、人工妊娠中絶が認められる場合とは、①「胎児が、母体外において、生命を保続することのできない時期」において、②「本人及び配偶者の同意」があることを前提に、③「妊娠の継続又は分娩が身体的又は経済的理由により母体の健康を著しく害するおそれのある」場合、または、④暴行等により妊娠した場合です。上記要件を欠く場合、堕胎罪等により処罰を受ける可能性があります。母体への健康上の危険も伴うものであり、自らの判断で中絶の薬を服用することは絶対に避け、必ず医師に相談してください。

A君が負う可能性がある民事上の責任については、医療費や慰謝料などが考えられます。この点、「（男性が女性の）不利益を軽減し、解消するための行為をせず、あるいは、被控訴人（女性）と等しく不利益を分担することをしない」等の事情があるとして、約114万円を認容した事件もあります。慰謝料の額は個別事情によって大きく増減し

ますので、一概には言えません。

2 Bさんが出産を選択する場合

Bさんが出産することを選択した場合に、A君に発生する法的問題としては、子の認知、養育費の支払いなどが考えられます。

結婚している男女間で生まれた子は、一部の場合を除き、原則として、出生の届出により、戸籍上も子となります。一方、婚姻関係にない男女間で生まれた子の父親は、法律上の父親となるには認知の届出が必要です。この点、父親が任意に認知をしない場合、子または子の法定代理人としての母親は、父親を相手に、裁判手続を提起することができます。

任意または裁判による認知がなされると、父親には子に対する扶養義務が発生します。そのため、別居しているなどの場合、監護者として子を育てている親は、他方に対し、養育費の支払いを請求できるようになります。養育費の金額は、話し合いによらない場合には、子を監護する者と支払義務者の年収、子の人数・年齢等を始めとした諸々の事情が考慮されて決められます。なお、概ねの具体的金額を知りたい方は東京家庭裁判所のホームページ等に掲載されている「養育費算定表」をご覧ください。

DIRECTIONS　婚姻できる環境が整っていない中で妊娠した場合、男女共に大きな不利益を負うことになります。そのため、A君は、誠実に対応し、Bさんの不利益を負担、軽減していく必要があります。その上でも、Bさんが中絶を選んだ場合、A君は、医療費や慰謝料等の責任を負う可能性があり、Bさんが出産を選んだ場合、養育費等の責任を負う可能性があります。

(弁護士　小島秀一)

36
異性につきまとわれるなどした場合の対応は？

〔設例〕Aさんは、同じ大学の同級生のB君と交際していましたが、先日、別れたいと伝えたところ、その後、B君から後を付けられたり、家の前で待たれたり、頻繁に電話やメールでの連絡を受けるようになりました。Aさんは、身の危険を感じるようになり、拒絶することすら怖くなってしまいました。Aさんは、どのように対応すればよいでしょうか。

1　ストーカー規制法

身体の安全、住居等の平穏、名誉、行動の自由が著しく害される不安を覚えさせる行為はストーカー規制法等で制限されるべき行為です。

ストーカー規制法上の「つきまとい等」の行為とは、概ね、

①特定の者に対する恋愛感情等を充足する目的で、
②当該特定の者又は密接な関係を有する者等に対し、
③次のいずれかの行為
　(1)つきまとい、待ち伏せ、立ちふさがり、住居等の付近での見張り、押し掛け、うろつき
　(2)行動を監視していると思わせるような事項の告知等
　(3)面会、交際その他の義務のないことを行うことの要求
　(4)著しく粗野又は乱暴な言動
　(5)無言電話、拒絶後の連続の電話、FAX、メール送信
　(6)著しく不快な物の送付等
　(7)名誉を害する事項の告知等
　(8)性的羞恥心を害する事項の告知等

をいいます。この点、①の目的が必要となり、単に嫌がらせ目的で待ち伏せする行為はストーカー規制法の規制対象とはなりません。③(5)

80　UNIT I　日常生活──STAGE 4　恋愛トラブル

の連続の電話等については、拒絶が必要ですので、メール等で証拠を残しておくことが重要です。ただし、身に危険を感じる場合には、拒絶の前に警察に相談してください。

　上記「つきまとい等」の行為があり、今後も繰り返される恐れがある場合、被害者の申出により警察は加害者に対して警告をすることができます。仮に加害者が、警告を無視し、公安委員会からの禁止命令にも違反した場合や、「つきまとい等」を繰り返す行為（これを「ストーカー行為」といいます。）があった場合には、処罰の対象となり、逮捕・勾留に至るケースも珍しくありません。

2　ストーカー規制法以外の法律

恋愛感情の充足等を目的しているか明らかでない場合でも、刑法（住居侵入罪・信書開封罪・暴行罪・傷害罪・名誉棄損罪・侮辱罪・窃盗罪等）、軽犯罪法（例えば「正当な理由がなくて刃物、鉄棒その他人の生命を害し、又は人の身体に重大な害を加えるのに使用されるような器具を隠して携帯」する場合など）に該当するとして刑事的な対応が可能な場合もあります。

DIRECTIONS

設例のように、拒絶することに恐怖を感じ、加害者に付け入る隙を与えるケースがあります。ストーカーに対しては、一人での対応は困難です。周囲の支援を受けつつ、早い段階で警察や弁護士に相談してください。また、その時点では違法行為とまではいえなくても、深刻な事態に発展するケースに備えて、適切な対応方法や証拠の収集のための助言を得ておくことも重要です。相談に際しては、予め被害を受けた日時・場所・態様等についてメモを作成しておくことや、メールや音声等の証拠になりそうなものを保存しておくことが有用です。見たくない、見られたくないとの気持ちからメールを削除してしまうケースが多くありますので、注意してください。また、SNS等への投稿で加害者に居場所を特定されないように注意してください。

（弁護士　小島秀一）

37
交際相手からの暴力　どうすれば？

〔設例〕Aさんは、居酒屋で知り合った年上のB氏と交際・同棲をするようになりました。同棲し始めた頃は優しかったのですが、B氏は、時が経つにつれて大声で怒鳴るようになり、最近では、直接の暴力も振る

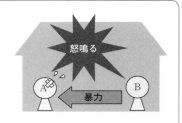

うようになってきました。別れたいと思うのですが、酷いことをされるのではと怖くて言い出せません。Aさんはどうすればよいのでしょうか。

1　DV発生時の相談先

暴力までも振るわれるようになってしまった場合には、早急に身体の安全を確保すべきであり、一人で抱え込まず早い段階で、各自治体の配偶者暴力相談支援センターや警察等に相談してください。

配偶者暴力相談支援センターにおいては、個別の相談、相談機関の紹介、カウンセリング、被害者及び同伴者の緊急時における安全の確保及び一時保護、その他情報提供を始めとする援助等を受けることができます。

警察への相談においては、被害発生防止に必要な措置や、被害を自ら防止するための措置の教示等の援助を受けられ、その他、加害者への連絡や警察施設の利用などの援助を受けられることもあります。さらに、暴行罪、傷害罪などが明らかな場合には、警察への被害届の提出も検討されるべきです。状況によっては、加害者が逮捕・勾留されることも珍しくありません。

なお、大声で怒鳴るなど行為については、夫婦げんかの範囲内とさ

れるような軽微なものは、いわゆる DV 防止法上の「配偶者による暴力」には当たらないとされています。もっとも、精神的に辛いと感じたら、自ら判断するのではなく、やはり配偶者暴力相談支援センターや弁護士などに相談をしてください。

2 DV 防止法による援助等

また、DV 防止法は、「配偶者からの暴力」を受けた場合において、一定の要件の下、裁判所に対して保護命令（接近禁止命令、退去命令等）を申し立てたり、加害者が保護命令に違反した場合に刑罰を課すことなども定めています。

具体的には、「身体に対する暴力」や、「生命、身体に対し害を加える旨を告知してする脅迫」があり、生命・身体に重大な危害を受けるおそれが大きいときは、接近禁止（一定期間、被害者の住居や身辺につきまとったり、住居、勤務先等を徘徊することを禁止）や、退去（一定期間、住居からの退去及び住居付近の徘徊を禁止）の命令等を求めて裁判所に申し立てを行うことができます。加害者が保護命令に違反した場合、1 年以下の懲役又は100万円以下の罰金に処せられます。

DIRECTIONS

設例のように、暴力等を受けるようになった場合、一人で抱え込まずに、必ず周囲に相談をしてください。恐怖や心理的に特殊な心境に陥ることにより、長期にわたり暴力を受け続けてしまう例は多くあります。特に、身体に危険があるなどの緊急を要する場合には、警察や配偶者暴力相談支援センター、市町村にすぐに相談をしてください。現在住んでいる自宅以外に避難する場所がない場合には、婦人保護施設等での保護も受けられます。生活費がない場合には、生活保護を受給することも可能です。（なお、ストーカー規制法が適用できるケースもあります。ストーカー規制法については、**36** を参照してください。）

（弁護士 小島秀一）

38
同棲すると「内縁」や「婚約」とみなされる？

〔設例〕A君は、大学1年生の時、同級生のBさんと交際を開始し、同棲を始めました。ところが、4年生の時、就職活動中に知り合いになったCさんを好きになってしまい、Bさんに交際関係の解消を告げました。すると、その後、Bさんの親御さんから連絡があり、「慰謝料を請求します。」と言われました。A君は慰謝料を支払わなければならないのでしょうか。

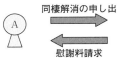

1 内縁・婚約の不当破棄

男女関係においては、婚姻届の提出や結納等をしていない場合でも、「内縁」や「婚約」が成立しているとされる場合があります。そして、当該関係を不当破棄した場合には、慰謝料等の請求が認められることがあります。では、どの様な場合に「内縁」や「婚約」が成立しているといえるのでしょうか。

2 内縁関係の成立

内縁の成立が認められるためには、①婚姻の意思に基づいて、②夫婦として共同生活を送っていることが必要となります。

この点、①婚姻の意思については、当事者の主観は必ずしも明らかではないことが多く、双方の年齢、職業、経歴、婚姻のための慣例的な儀式の有無、周囲の認識、生活状況、同居に至った経緯や期間等の様々な客観的事情を基に判断されます。また、②夫婦として共同生活を送っているというためには、夫婦の同居・協力・扶助義務（民752条）等を満たす生活が送られてることが必要です。

3 婚約の成立

内縁の成立が認められない場合でも、将来婚姻する約束をしている場合には婚約が成立します。婚約の成否についても、当事者の主観は明らかでない場合が多く、婚約のための慣例的な儀式（結納、両家顔合わせ、婚約指輪等）の有無、同居の有無、状況、期間などの客観的事情を基礎に判断されます。婚約の儀式や共同生活は、重要な判断要素ですが、そうした事情がなくても、他の事情から婚約が成立しているとされる可能性もあります。

DIRECTIONS　前述のように、「○○年同棲していたら内縁や婚約が成立する」などの明確な基準はありません。

内縁については、例えば、夫婦であることを外部に表明する事情（披露宴の開催や、周囲に対して夫婦である旨の紹介等）があり、かつ、一つの生計を共に管理維持しつつ同棲していれば、認められる可能性はあります。もっとも、一般論としては、大学生同士の同棲では、内縁が認められるケースは少ないといえるでしょう。

一方、婚約は、互いに将来婚姻する意思があれば成立するので、内縁よりも認められやすくなります。設例の場合も、例えば、同棲を開始するにあたって、双方の両親に対して卒業後に結婚することを前提に許可を得ていたなど、将来婚姻する意思が客観的に見て取れる場合には、婚約の成立が認められる可能性があります。

なお、慰謝料請求が認められるためには正当な理由なく破棄したといえる必要もあります。例えば、Bさん側に不貞や暴力等、婚姻が困難といえる重大な理由がある場合には、A君には正当な理由があるとされる可能性が高いでしょう。

（弁護士　小島秀一）

39
友達がパパ活をしている！

〔設例〕Aさんは、SNSで煌びやかな写真をアップするために高級レストランやリゾートに行きたいが、普通のアルバイトではそこまでお金が稼げないため、「パパ活」と称し、お金持ちのおじさんと食事に行ってお小遣いをもらうというバイトをしているようです。Aさんの地元の友達のBさんは、派手になっていくAさんが心配なので何とかやめさせたいのですが、どうにかならないものでしょうか。

1 パパ活とは

「パパ活」とは、一般的には「主に若い女性が、肉体関係を伴わずにデートなどをして、金銭を援助してもらうこと」を指すようです。もちろん法律用語ではありません。このような活動自体は今に始まった話ではなく、昔の「パトロン」と同義といえます。

まず成人がデート等の対価に金銭を援助されること自体は、自由意思の問題になるので特に違法ではありません。

したがって、設例の場合、友達のBさんがAさんの「パパ活」を法的にやめさせることは難しいと言えるでしょう。

2 「パパ活」が違法となる場合

上記のとおり、基本的には法的問題にはならない「パパ活」ですが、以下の場合には法的に問題が発生します。具体的には(1)どちらか、あるいは双方が既婚者の場合と(2)未成年者が「パパ活」を行う場合です。

まず、(1)既婚者の場合に、肉体関係まで持った場合は「不貞行為」

として慰謝料請求の対象となります。また、デートだけで肉体関係を伴わない場合であっても、頻繁なデートが平穏な夫婦関係を破壊する態様と認められる場合には、不法行為として慰謝料請求の対象となり得ます。

　次に、⑵未成年者の場合です。本稿では、未成年者（20歳に満たない者）が「パパ活」によって成年者から援助を受けていた場合を想定します。

　この場合、肉体関係を伴わずに、単に未成年者とデートしたこと自体を直接処罰する規定はありません。ただし、　31　で述べたとおり、18歳未満と深夜にデートをすれば青少年健全育成条例に違反します。

　一方で未成年者の側は「補導」の対象になります。補導には特に法的根拠がなく、警察内部の通達で行われています。特に、インターネットで援助してくれる者を募集する場合、取締り中の警察官が身分を隠して交渉を行い、待ち合わせ場所で補導するという「サイバー補導」が行われています。よく報道等で話題になるのは高校生に対するものですが、補導の対象は「20歳未満の者」（少年警察活動規則2条、少2条1項）であるため、大学生でも補導対象になります。

DIRECTIONS　単なるデートであれば「パパ活」に法的問題はなさそうです。しかし、金銭が絡む男女関係は、バランスが崩れると思いもよらぬ大きなトラブルに発展することがあります。また、「パパ活」をしていたという事実がどのような評判をもたらすかという点も慎重に考える必要があります。設例のAさんも、Bさんのアドバイスに十分に耳を傾ける必要があるといえるでしょう。

（弁護士　渥美陽子）

39　友達がパパ活をしている！　　87

40
ありがちな学生同士の会話でもセクハラになる？

〔設例〕私は大学3年生、女性です。この前、学生同士の合コンに行ったら、将来何になりたいかという話になったので、できれば弁護士になりたいと思っていることを言いました。そうしたところ、男性から「わー、女のくせに結婚とかしても家事しなさそう！」と言われました。腹が立ったので、「そういうこと言う男って、男のくせに稼ぎが少ない奴になるんだから！」と返したところ、「そういうの、男性に対するセクハラだって。男は稼がなきゃいけないっていう先入観がある」と言われ、釈然としません。これはセクハラなんでしょうか？

1 セクハラの種類

88の解説にあるとおり、セクハラとは、相手を不快にさせる性的な言動をいいます。性的な言動とは、性的な関心や欲求に基づく言動をいい、性別により役割を分担すべきとする意識の言動も含み、相手を不快にさせる言動を幅広く網羅する概念です。セクハラには、性的な言動に対する対応によって不利益を受ける対価型のものと、性的な言動によって環境を害する環境型があります。

2 学生同士でもセクハラはある？

セクハラというと、身体的接触のあるものの方がひどいという印象があるでしょう。また、対応によって相手が不利益を受ける対価型が想像されがちかもしれません。それは、確かに上下関係があるときにおこりがちです。

確かに、お尻や胸などを触ったり、親しさの度合いを無視した過度

な身体的接触をしたりするのがひどいのは間違いありませんが、上述のとおり、セクハラに該当する性的な言動としては、言葉によるものも含みますし、性的な関心や欲求に基づくもののみならず、性別により役割を分担すべきとする意識の言動によって環境を害するものも含み、これは上下関係のない人間関係だったとしても起こりえます。

性別により役割を分担すべきとする意識の言動などは、そこに社会の思い込みがあるがゆえに起こるものであり、その結果、ありがちなものである側面があり、「固いことを言うなよ」と思われる方もいるかもしれません。しかし、それによって学習意欲や社会人の場合は労働意欲にも影響があります。例えば、女性は、歴史的に「その場の花でさえあればいい」等と言われることが多かったために、女性の学習意欲や労働意欲が阻害されてきました。これは、社会において男性だけが学習や労働に適しているという事情のない現代において、本人にとっても社会にとっても損失ですので、「固いことを言うなよ」ではすまされません。

3 男性へのセクハラはある？

さて、歴史的にいって、セクハラは社会的弱者とされてきた女性へ向けたものが強く意識されてきましたが、実は男性に対するものも含まれます。たとえば、「男のくせに」などというのは、性別により役割を分担すべきとする意識の言動であり、言われた男性に対し、性別のみを根拠としたプレッシャーを与えるセクハラの一種です。

以上の観点から設例をみると、男子学生の女子学生への発言も、女子学生の男子学生への発言も、ともに性別により役割を分担すべきとする意識の言動といえ、セクハラに該当する可能性があります。ともに思いやりのある関係を築きたいものですね。

（弁護士　塩川泰子）

41
性的マイノリティからの告白、言いふらしていい？

〔設例〕ぼくは、男性であり、女性が好きです。でも、先日、男性であるＡ君から告白されました。一人で抱えているのもつらいので、周りに言いふらしてもいいですか？

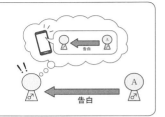

1　性的マイノリティとは？

LGBT という言葉は聞いたことがありますか？Ｌがレズビアン、Ｇがゲイ、Ｂがバイセクシュアル、Ｔがトランスジェンダーです。多数派は、例えば女性に生まれた場合、異性である男性を性的対象としてみているし、自分のことを女性だと思っています。前者は性的対象、後者は性自認のお話です。これに対してレズビアンは、性自認に違和感はなく、ただ性的対象が同性である女性、ゲイはその男性版、バイセクシュアルは両性が性的対象です。一方、トランスジェンダーは、性自認のお話で、体は女性に生まれたけれども自分は男性だと思っているなどのケースです。そのうち、治療によって、体を自分の自認する性に合わせたいと思っているケースを性同一性障害といいます。

さらに、性自認と性的対象双方が多数派ではない場合、例えば男性と生まれたが自分のことは女性だと思っていて、性的対象は両性等の組み合わせもあります。また、性的関心が無である（アセクシュアル）等、いろんなケースがあります。これら全てを合わせて最近ではLGBTQ、LGBTs 等といって、性的マイノリティと整理されます。調査によってばらつきがありますが、人口の約８％が性的マイノリティともいわれています。

2　この場合、どうしたら？

長年、嫌悪の対象とされてきたため、性的マイノリティであるということを隠したいという人も多くいます。「現在の日本社会においては、同性愛者、同行為を愛好する者に対しては侮蔑の念や不潔感を抱く者がなお少なくないことは公知の事実」として、ホモセクシュアルだと誤解させた見出しを名誉棄損だと認めた裁判例もあります。理想はさておき、現実として、差別の存在を裁判所が認めたわけです。

このような状況下で、告白された人が勝手に言いふらしてしまうことは、深刻な問題を引き起こすことがあります。実際に、同様の事案で、告白された人がグループラインで暴露したところ、告白をした男子学生が自殺してしまったということがありました。その事案では、大学の対応も悪かったとして、問題は深刻化し、訴訟まで発展しました。執筆現在、まだ判決は出ていませんが、いずれにしても、それほどの大問題に発展しうるということです。好きではない人から告白されるのは、「いやだ」と思うこともあるかと思いますが、あまり言いふらすことではありませんよね。誰にも話せないことがどうしてもつらい場合、まず、学生相談室等で話してみてはいかがでしょうか？

3　マイノリティで悩んでいる人へ

2001年「人権救済制度の在り方」では性的指向を理由による差別も救済対象として明記され、2003年「性同一性障がい者の取扱いに関する法律」により、戸籍等における性別転換が認められるなど、政府も性的マイノリティの人権問題に対して、真剣に取り組み始めています。学校に関しては、2015年「性同一性障害に係る児童生徒に対するきめ細やかな対応の実施等について」という通知も出されました。性的マイノリティの側で悩んでいる人も、社会が変革に向かっているので、困ったときにも悲観せず、相談窓口を探してみてください。

（弁護士　塩川泰子）

42
交際相手のスマホを盗み見てしまったら？

〔設例〕A君は交際しているBさんが浮気をしているのではないかと疑い、Bさんの家に遊びに行った際、Bさんが買い物に出たのを見計らってBさんのスマホにBさんの生年月日を入力してパスワードを解除し、保存されていたメールのやりとりや写真を見てしまいました。さらに、後日、A君は自分のスマホにBさんのメールアドレスとパスワードを入力してBさんのSNSアカウントにログインし、BさんのSNSメールのやりとりを見てしまいました。A君の行為は法律上問題があるでしょうか。

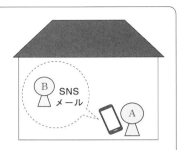

1 他人のプライバシーを盗み見るということ

現代社会において、メールを利用したコミュニケーションは電話や郵便以上にごく頻繁に行われています。メールには私生活上の内容が含まれていることが多く、本人の承諾なくメールを盗み見ることは倫理上許される行為ではありません。

それでは、設例のA君がやってしまった行為は法律上どのように扱われるのでしょうか。

2 不正アクセス禁止法による規制

電気通信回線（インターネット回線など）を通じて、他人のアクセス符号（IDやパスワード等）を無断で入力し、コンピュータ（パソコンだけでなくスマホ等も含まれます）のアクセス制限を解除して利用可能にする行為（いわゆる「不正ログイン」「なりすまし」）やセキュリティホール攻撃等の行為を規制する法律が不正アクセス行為の禁止等に関する法律（不正アクセス禁止法）です。

同法における不正ログイン・なりすましに対する規制は、電気通信回線を通じて他人のアクセス符号を無断で入力することが要件となっていますので、単にスマホにパスワードを入力してロックを解除する行為だけでは同法の規制対象になりません。

　また、スマホに直接保存されているメールや写真を盗み見る行為も、電気通信回線を通じた行為ではないため、同法の規制対象にはなりません。

　しかし、他人のSNSアカウントのID・パスワードを入力して、SNSにアクセスし、当該他人のメールを見る行為は、不正アクセス禁止法第2条第4項第1号、同法第3条に該当し、刑事罰の適用もあります（不正アクセス11条）。

　なお、大抵のSNSには自動ログイン機能があり、他人のスマホのSNSアプリを開けば、改めてID・パスワードを入力することなくメール等を見ることができますが、このような場合であっても、アプリを開く行為により電気通信回線を通じてCookie情報（ユーザーの過去のアクセス情報）をSNSのサーバーに送信することになりますので、やはり不正アクセス禁止法の規制対象になる可能性が高いといえます。

3　プライバシー侵害

　他人のスマホを盗み見ることで得た他人の私生活上の情報をSNSで「公開」する行為は、プライバシー侵害として、当該他人から損害賠償請求を受ける可能性があります。「浮気の決定的証拠」などとして、LINE等のやりとりをSNS等のウォールに貼り付ける例が散見されますが、このような行為はプライバシー侵害になる可能性が高いといえます。

DIRECTIONS

　ID・パスワードは他人から推測されにくいものに設定しておくこと、他人のプライバシーを盗み見る行為は犯罪にもなりうることに注意して下さい。

（弁護士　山縣敦彦）

43
リベンジポルノって何ですか？

〔設例〕入学時のガイダンスのうちの一つで、「恋愛中は楽しいかもしれないけれど、リベンジポルノという問題もあるので、付き合っている間も気をつけて」と言われました。どういう意味でしょうか？

1 リベンジポルノとは？

リベンジポルノとは、一般に、恋人や配偶者と別れた人が、復讐（リベンジ）のため、交際中に撮影した公開を望まないであろう相手の性的な画像や動画をインターネット上などに公開することをいいます。日本では、三鷹ストーカー殺人事件（2013年）で、加害者の男性が元恋人である被害女性のプライベートの写真および映像をインターネットで拡散させたことで注目されるようになりました。

2 こんな被害に遭ったら？

三鷹ストーカー殺人事件のインパクトもあり、事件の翌年である2014年、私事性的画像記録の提供等による被害の防止に関する法律、通称リベンジポルノ防止法が成立しました。

この法律では、相手の同意を得て①性交又は性交類似行為に係る人の姿態、②他人が人の性器等を触る行為又は人が他人の性器等を触る行為に係る人の姿態であって性欲を興奮させ又は刺激するもの、③衣服の全部又は一部を着けない人の姿態であって、殊更に人の性的な部位が露出され又は強調されているものであり、かつ、性欲を興奮させ又は刺激するものを撮影した写真、電磁的記録に係る記録媒体その他の物（性的画像被害2条）について、撮影されている人を特定できる形

で、インターネット上で不特定多数の人が見られる状態にすることについて、3年以下の懲役又は50万円以下の罰金の刑罰を定めています。また、上記目的のために人にそれらの物を提供することについては、1年以下の懲役又は30万円以下の罰金の刑罰を定めています（性的画像被害3条）。これにより、被害者としては、刑事事件として警察に相談することができます。

　また、プロバイダがこれらリベンジポルノに該当する情報を排除した場合、排除による損害賠償の責任を免ずる規定をもうけ（性的画像被害4条）、プロバイダがリベンジポルノをインターネット上から削除しやすくしています。被害者としては、万一、画像がインターネットに載っていることがわかった場合は、削除するよう申し出ることがしやすくなります。

3 リベンジポルノにかかわる他の法律との関係

リベンジポルノ防止法が成立する以前から、わいせつ物頒布等の罪や名誉毀損罪、ストーカー規制法違反のほか、18歳未満であれば児童ポルノ禁止法などで規制できるはずだという議論はありました。

　しかし、リベンジポルノにフォーカスする法律ができることで、リベンジポルノに積極的に介入する運用が期待されます。また、プロバイダの責任に関しては、以前からプロバイダ責任制限法で、権利侵害情報をプロバイダが削除する際、情報を発信した人に問い合わせて、7日の間に反論がなければ削除していいということになっていますが（特定電通賠償3条）、リベンジポルノ防止法では2日間に短縮され、画像の拡散を少しでも防ぐ効果が期待されます。

　そうはいっても、被害に遭ったら、被害に遭う以前に戻ることは困難です。危険が生じないよう、そういう撮影をしない、させないということも大切なのではないでしょうか。

（弁護士　塩川泰子）

44

痴漢に間違えられてしまったら？

〔設例〕A君は電車の中で痴漢に間違われ、被害を受けたとするBさんがA君の腕をつかんで大声を出したため、A君は停車駅で電車から降ろされ、駅員を呼ばれてしまいました。
A君はどう対応すればよいでしょうか。

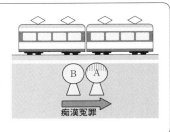

1 痴漢冤罪事件　痴漢とは、公共の場所において、相手の意に反して性的な行為を行うことをいいますが、法律上、「痴漢罪」という罪があるわけではなく、刑法上の「強制わいせつ罪」（刑176条）又は各自治体が定める迷惑防止条例（東京都であれば「公衆に著しく迷惑をかける暴力的不良行為等の防止に関する条例」）により、懲役刑又は罰金刑が科される犯罪行為です。

　痴漢は決して許されない行為ですが、A君のように、実際には痴漢行為をしていないのに、痴漢に間違われてしまった場合はどうでしょうか。被害を受けたと感じたBさんとしても、実際にA君がBさんの体を触った瞬間を見たわけではなく、振り返ったらすぐ後ろにA君がいたことから、A君が犯人だと思いこんでしまったのです。これがまさに「痴漢冤罪」といわれるものです。

　酷い事例では、女子高生グループが被害を受けた女性やそれを目撃していた女性を演じ、何の罪もないサラリーマンから示談金を巻き上げるといった例も実際には起きています。

2 駅員についていくと……　設例のA君は、停車駅で駅員を呼ばれてしまいました。この後の流れはどうなるのでしょうか。

Bさんは A 君を現行犯として逮捕し、それを支援する駅員は、駅構内にある事務室等に一緒に来るように求めるでしょう。事務室等に行くと、駅員は警察に通報して、駆けつけた警察官は A 君を現行犯として身柄を収容してしまうことが多いでしょう（刑訴212条〜215条）。

　こうなると A 君は、携帯電話で家族・知人に電話をかけることも、メールをすることもできなくなります（警察から家族に連絡をしてもらい、面会に来てもらうことは通常可能です）。

DIRECTIONS 　電車に乗る際には、痴漢に間違われないよう、女性の後ろに立たないなど細心の注意をしなければなりません。

　それでも、万が一痴漢に間違われてしまったら、駅の事務室等に行く前に（行かないのがベストですが）、痴漢をしたのは自分ではないと駅員にはっきり告げ、もし近くに人だかりができているのであれば、目撃者を募って下さい。あなたの人生がかかっていますので、恥ずかしがらず、大きな声で呼びかけて下さい。また、手で女性の体を触ったと疑われているのであれば、その手をどこにも触れずに、その場でビニール袋などをかぶせてもらい、自分の手に被害女性の衣服の繊維などが付着しているかどうか、鑑定をしてほしいと願い出ることも有効です。そして、その場で家族に電話をかけさせてもらい、できるだけ早く弁護士（できれば刑事事件に慣れている弁護士）を呼んでもらいます。

　本当にやってないのだから、きちんと説明すればきっとわかってもらえる……それは大いなる誤解です。自分の身は自分で守るしかないのです。

（弁護士　山縣敦彦）

STAGE 5

旅行トラブル

45
旅行をキャンセルしたいがキャンセル料は？

〔設例〕A君は友人たちと旅行を計画しました。時期が差し迫っていたこともあり、参加枠を確保するつもりで、参加人数をきちんと確認せずに最大の人数で旅行業者に旅行の予約をしてしまいました。その後、旅行日より前に人数の確定をして、旅行

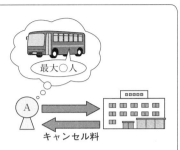

業者に対して不参加の分のキャンセルの電話をしたところ、キャンセルした人数分のキャンセル料を請求されてしまいました。A君は本当に請求された通りにキャンセル料を支払う必要があるのでしょうか？

1 約款を確認しよう

旅行業者が取り扱っている募集型旅行（いわゆるパック旅行）や手配型旅行に関しては、旅行業法という法律がそのルールを定めています。旅行業法において、旅行業者は旅行契約に関して旅行業約款を定めた上、約款について国土交通大臣の許可を受けなければならないと定められています（旅行12条の2）。そのため、旅行契約においては、当該旅行業者が定めている旅行約款が契約の内容となりますので、旅行業者とのトラブルについては約款に基いて対応を考える必要があることになります。

2 旅行契約の成立とキャンセル料

まず、旅行契約の成立の有無が重要になります。契約が成立していなければ、当然キャンセル料も発生しないことになるためです。この点、観光庁長官及び消費者庁長官が定める標準旅行業約款（以下、「約款」とします。旅行12条の3）によれば、主催旅行は原則として旅行業者が契約の締結を承諾し申込金を受理した時に成立するものとされ（約款8条1項）、電話によ

る予約の場合には旅行業者が定める期間内に申込書、申込金を提出することによって契約が成立するものとされています（約款6条1項）。他方で、クレジットカード会社を利用して、電話、郵便、ファクシミリその他の通信手段による締結する通信契約の場合には、旅行業者が契約の締結を承諾する旨の通知を発した時に成立することになっています（約款8条2項）。

　このように、契約の種類によって、契約の成立のタイミングが異なっていることもあり、自分が利用した旅行業者ごとの約款における規定を十分に確認する必要があります。

　次にキャンセル料についてですが、キャンセル料についても旅行約款にキャンセル料に関する規定が記載されています。一般的にはキャンセルのタイミングが早ければ早いほどキャンセル料は安くなり、他方で、旅行日が迫るにつれ高額になっていると思います。約款に定められたキャンセル料の定めが当該旅行業者との契約に関して適用されることになりますが、キャンセル料があまりにも高額な場合には無効となる可能性もあり得ると考えられます（消費契約9条1項）。あまりにも不当だと感じた場合には、弁護士等の専門家や観光庁や日本観光業協会といった機関に相談してみることも考えられます。

DIRECTIONS　キャンセル料に関するトラブルを防止するためには、まず予約申込時に当該旅行業者の提示する旅行約款をよく読み、契約の成立時期及びキャンセル料の規定をよく確認することが非常に大切です。その上で、仮に予約をキャンセルするとしても、契約が成立する前かキャンセル料が発生しない時期に行うようにしましょう。なお、キャンセルの際にも、キャンセルの時期が原因でトラブルが発生することもあります。メールや電話の録音等でできる限り証拠の残るようにキャンセルの連絡をしましょう。

（弁護士　太田和範）

46

乗ってたバスが横転、どんな主張が可能？

〔設例〕夏休みにX社の深夜バスを利用して旅行に出かけました。そうしたところ、悲しいことに、私が乗っていたバス運転手Aと対抗車両Y運輸の運転手Bのミスで横転するほどの大型事故に見舞われ、大ケガをすることに。ケガはお医者さんに治してもらうしかありませんが、費用だとか、慰謝料だとか、何かできることはありませんか？

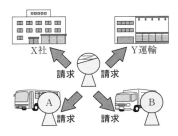

1　誰に損害賠償請求できるか？

運転手ABのミスの結果、大ケガをしているので、当然のことながら、ABに対して、損害賠償請求できます。それだけではなく、バス運行会社XとY運輸に対しても損害賠償請求できます。

バスに乗っていた人は、バス運行会社と乗車地点から降車地点まで届けてもらう代わりに運賃を払うという契約をしており、「届けてもらう」というサービスには、当然、「安全に」という前提があります。それにも関わらず、安全に届けてもらえなかったわけですから、X社には、債務不履行責任（民415条）を理由とする損害賠償を請求できます。契約関係がある当事者間にのみ発生する責任で、義務があるのに果たしていないので、裁判になった場合、義務を負っている人が義務を果たしたという証明責任を負うという点で有利といわれています。

一方、運転手ABとは契約をしていないので、不法行為責任（民709条）に基づく損害賠償請求です。これは、証明責任という点からする

と、先ほどの債務不履行責任より不利といわれますが、不法行為の場合、不法行為の日から遅延損害金が発生するのに対して債務不履行の場合、請求した日から発生するという点では有利です。

さらに、Ｙ運輸に対しても、使用者の不法行為責任（民715条）に基づく損害賠償請求ができます。使用者は、雇っている人のおかげで利益を生み出せているわけですから、その人が働いている中で発生した損害についても責任を負いなさいというわけです。選任・監督にきちんと注意を払った場合、使用者は責任を免れると規定されていますが、判例では広く使用者の責任が認められる傾向があります。

なお、相談者は、ＸＹＡＢの誰に請求してもよいですが、重複して賠償してもらえるわけではありません。

2 何を損害として請求できる？

まず、治療費が思い浮かびますね。また、ケガによって稼げるはずだったお金を稼げなくなったというものがあれば、それを「逸失利益」といって、損害に計上できます。定期的にしていたアルバイトなどがあり、本来、このケガをしていなければいくら稼ぐことができたはずだということがいえれば、学生であっても逸失利益を主張できます。このほか、入通院慰謝料が請求できますし、後遺障害が残れば、後遺障害慰謝料と後遺症のせいで減収すると認められる逸失利益が請求できます。

3 いざというときの備え？

設例では損害賠償を誰からも受けられない可能性は低いかもしれませんが、ひき逃げ等、損害賠償を現実に受けられないという腹立たしい事故も世の中にはあります。そのような場合に備えて、保険に入っておくと、いざというときの備えになるでしょう。

学生の場合、サークルなどで多くの人と旅行に行く場合などは、保険に加入することも検討してみる価値があるかもしれません。

（弁護士　塩川泰子）

47
海外で盗難被害に遭ってしまったら？

〔設例〕A君は、アメリカを旅行中に、自身のリュックサックから僅かに目を離した隙に、泥棒に、リュックサックを奪われてしまいました。リュックサックの中には、現金に加えて、500ドルの現金、高価なデジタルカメラやパスポートも入っていました。A君は、どのような手続を行うべきでしょうか。

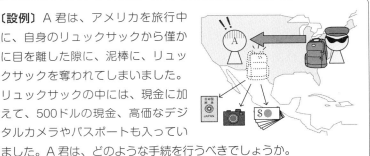

1 現地で行うことができる手続

(1) 現地の警察で被害届を提出し、そのコピーをもらう 設例のような軽微な財産被害については、現地警察が対応してくれる可能性は一般的に低いと言われていますので、警察への届出を躊躇う気持ちもあるかもしれません。しかし、保険会社が提供している「携行品保険」に加入しており帰国後に保険金請求を行う場合や、パスポートの再発行を在外公館に求める場合には、現地警察への届出を行う必要があります。携行品保険とは、携行品が偶然の事故により生じた損害について補償してくれる保険を言います。具体的な補償内容は保険会社が提供する保険商品により異なります。現地の警察署に赴き、犯罪被害に遭ったことを申告する書面（日本でいう「被害届」に相当する書面）を記入し、提出することになりますが、その際に、必ずそのコピーをもらってください。もしコピーが交付されない場合には、届出の受理番号を控えてください。帰国後に、保険会社に保険金を請求する際の重要な資料となります。

(2) 現地の領事館／大使館へ 設例では、パスポートも盗まれて

しまったとのことで、パスポートの再発行手続について対応してくれます。この場合も、現地警察で提出した被害届のコピーを要求される場合が多いです。

(3) **その他**　盗難された物の中に、クレジットカードや銀行のキャッシュカードが含まれている場合には、速やかにカード会社や銀行に連絡し、利用を停止してもらう必要があります。また、留学中に重大事件に巻き込まれた場合には、所属する日本の大学にも速やかに報告を行ってください。

2　帰国後に行う手続

(1) **保険会社への請求**　「携行品保険」については、渡航前にインターネットや空港のカウンター等で簡単に契約することができますが、クレジットカードを保有している場合には、携行品保険が自動的に付帯していることも多いかと思いますので、確認してください。具体的な補償内容は、保険会社によって異なりますが、一般的に①補償上限があること、②補償の範囲が限定されていること、③請求可能期間が設定されていること、については特に注意が必要です。

(2) **保険会社が保険金を支払ってくれない場合**　保険会社が、盗難被害を確認できないとして、保険金の請求に応じてくれないことがあります。弁護士費用を考慮すると、弁護士に交渉を依頼することは現実的ではありません。

このような場合には、「そんぽADR」という紛争解決手続を利用することが可能です。公平な紛争解決委員が、あなたと保険会社との間に入り、話し合いによる和解の可能性を探ってくれます（「そんぽADR」については、http://www.sonpo.or.jp/efforts/adr/ を参照してください）。

（弁護士　白木敦士）

48

海外で逮捕されたが裁判所への出頭命令を無視して帰国したら？

〔設例〕大学3年生のA君（21歳）は、B国の大学に留学しています。卒業式後、A君は友人宅のパーティに出席して飲酒し、酩酊状態であったにもかかわらず、学生寮まで車を運転して帰ろうとしたところ、帰宅途中に警察に見つかり、逮捕されてしまいました。A君は裁判所で裁判期日に出頭することを約束して釈放されましたが、「二度とB国を訪れる機会はないし、まあいいか。」と考え、裁判期日に出頭することなく、日本に帰国してしまいました。A君の行為にはどのような問題があるでしょうか。

1 A君の行為の問題性

A君は、日本に帰国した時点では、今後はB国を訪れる機会はないなどと軽い考えを持っていました。しかし、今後、A君が就職し、出張でB国を訪問したり、また、他国に行くための中継地としてB国国内の空港を利用することは、十分考えられます。A君は、飲酒運転に対する罪を償っていないばかりか、B国の裁判所の命令に反して裁判所に出頭しなかったのであり、二つの犯罪についてB国内で手配されている可能性が高いといえます。したがって、A君が今後B国に入国する際や、乗り換えのためにB国国内の空港に着陸した直後に身体を拘束されてしまうことが予想されます。

DIRECTIONS

A君につき、どのような刑罰が予定されているかについては、B国の法律によります。A君は、上記2

件の罪について B 国当局に自首をする他ないと思いますが、自首に際しては、まず、B 国の刑事事件を扱う弁護士に相談し、自身に最大限有利な資料等を事前に準備することが大切です。

それでは、B 国の刑事事件を専門とする弁護士については、どのように探したらよいのでしょうか。そこで、A 君としては、B 国弁護士の助言を求めることになりますが、刑事事件を専門とする B 国弁護士が日本国内で活動している可能性は、高いとはいえません。また、弁護士に相談する目的で B 国内に赴くことは、空港で身体拘束される可能性が高く、避けるべきです。

A 君は、インターネットを通じて、また、在 B 国日本大使館・領事館を通じて、B 国内で活動している弁護士の情報を集めることが考えられます。また、B 国法に詳しい日本の弁護士を通じて、適切な B 国弁護士を紹介してもらうことも有用です。

（弁護士　白木敦士）

49

大麻が合法とされている国・地域では大麻の吸引は許される？

〔設例〕大学4年生のA君（22歳）は、アメリカ・カリフォルニア州の大学に留学しています。同州では、嗜好目的に大麻を購入することが認められており、A君は、留学先の友人と一緒に大麻を購入し、吸引しました。A君は、留学を終えて日本に帰国した後に、日本の警察に逮捕される可能性はあるのでしょうか。

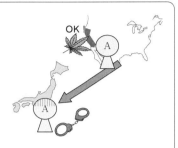

1　国外で犯した罪について日本で裁かれるか

日本国内で犯した罪について、日本の法律が適用されることは当然といえます。

しかしながら、日本の刑事法は、一定の犯罪については、その犯罪が海外で実行された場合であったとしても、刑罰を科すことを予定しています。

大麻の輸出入、所持、譲り受け、譲渡等を禁じる日本の法律として、大麻取締法という法律があります。大麻取締法は、国外で行われた行為については、どのように規定しているのでしょうか。

2　大麻取締法には国外犯処罰規定がある

大麻取締法第24条の8は、大麻の所持、譲り受け等の行為について、日本国外において行われた場合であっても、同法が適用されると規定します。つまり、たとえA君が大麻を購入した場所が、大麻の所持を合法とするカリフォルニア州であったとしても、A君が日本に帰国した後に、日本の法律によって、罪に問われる場合があるということになり

ます。

　現実には、犯罪の行為地が外国の場合には、捜査を行うことが困難であることが通常であり、日本の捜査機関がＡ君を積極的に検挙する可能性は低いといえるかもしれませんが、Ａ君は、自身の行為が、日本の大麻取締法違反となる行為であることを自覚すべきです。

　なお、大麻取締法では所持を処罰する規定がある一方で、自己使用を処罰する規定がありません。しかし、所持しないで使用することはできませんので、結局のところ犯罪として問題になります。

DIRECTIONS　大麻にとどまらず、麻薬の摂取は、人体に重大な影響を及ぼすことになります。また、何れの麻薬であっても強い中毒性を有することが指摘されています。「１回だけなら」という軽い気持ちで麻薬を摂取したことで、中毒症状を発症し、日本に帰国した後も、麻薬がないと生活できない状態に陥ってしまう可能性もあります。麻薬を合法とする国であっても、麻薬の危険性は変わりません。いかなる理由があっても、麻薬に手を出すことは避けるべきです。

（弁護士　白木敦士）

STAGE 6

交通関係のトラブル

50

交通事故による損害賠償請求・保険・紛争解決の概要

〔設例〕大学生のＡ君は、自動車を運転中、信号待ちで停止していた際に、後方から近付いてきた自動車に追突をされました。Ａ君の加害者に対する損害賠償請求は、どのようなものになるでしょうか。

損害賠償

1 損害賠償額算定の概要 損害賠償の項目を大きく分類すると、物的損害と人的損害に分かれます。

物損事故の場合、車両自体の損害（修理費用や全損の場合の車両時価等）、代車使用料、休車損、その他レッカー代、営業損害（店舗が破壊された場合等）、積荷等に関する損害等が問題となります。

人身事故の場合、治療費、入通院の付添費用、入院交通費、休業損害、各慰謝料等を始めとする他、死亡の場合や後遺症が残ってしまった場合には逸失利益等も問題となります。

最終的な賠償金額は、上記損害を積算した上で、当事者の過失割合に応じて減額がなされます。過失割合については、実務上、別冊判例タイムズ「民事交通訴訟における過失相殺率の認定基準」や日弁連交通事故相談センター発行の通称「赤い本」「青本」などを参照して算定されています。なお、設例の場合、Ａ君は停止していたため、過失による減額はないのが通常です。

2 保険の概要 保険には、自動車損害賠償責任保険（いわゆる「自賠責保険」）（または共済）と自家用自動車総合保険（いわゆる「任意保険」）があり、自賠責保険は強制加入となっています。ただし自賠責保険だけでは、損害額が保険金の限度額を超えてしまう可

能性があるため、任意保険にも加入すべきです。

　自賠責保険は、人身事故を対象としており、物的損害については填補されません。自賠責保険の保険金額の上限は、死亡の場合3000万円、後遺症が残った場合は等級に応じて75万円から4000万円、傷害については120万円です。

　自賠責保険非加入やひき逃げ等の事案の場合、政府の自動車損害賠償保障事業から、政令に定める限度で損害の填補が受けられます。

　なお、加害者が任意保険に加入していない場合、労災保険、被害者自身の人身傷害補償保険等の利用の検討が必要です。

3　紛争解決の概要

　加害者が任意保険に加入している場合、事故発生後、多くは加害者に代わり保険会社が被害者と示談交渉を行います。任意保険に非加入の場合、加害者は自ら又は弁護士等を代理人として被害者と交渉を行うことになります。一方、被害者は、原則、自ら又は弁護士等を代理人として、加害者または保険会社と交渉を行うことになります。近時は、多くの任意保険において、被害者となった際の弁護士費用特約が付されており、被害者自身が任意保険に加入している場合、費用負担なく弁護士を代理人にできるようにもなっています。当事者間で交渉が折り合わない場合は、通常、訴訟や調停に移行します。

　交通事故（不法行為）による損害賠償請求権の時効は、損害及び加害者を知った時から3年です。多くの場合、事故時が起算点になりますが、後遺症が発生した場合は、症状固定（※それ以上は治療の効果が大きくは期待できず、症状が最終の状態に達したといいうる状況など）時から3年が時効となります。交渉がまとまらない場合、被害者は、原則、上記3年が経過する前に、訴えを提起する必要があるので注意してください。

（弁護士　小島秀一）

51
交通事故発生後の対応や請求で注意すべき点は？

〔設例〕大学生のA君は、自動車を運転中、信号待ちで停止していた際に、後方から近付いてきた自動車に追突をされました。事故後に診察を受けたところ、医師からは頚椎捻挫（むち打ち）と診断をされました。す

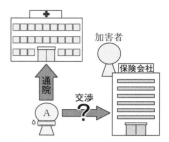

ぐに治るとおもっていましたが、その後も首の痛みがなくならず、通院期間も6か月間になってきました。交通事故発生後の対応や請求で注意すべき点はどのようなものでしょうか。

1 事故直後について

物損事故、人身事故を問わず、交通事故が発生した場合、必ず警察に連絡してください。警察からの事故証明が受けられない場合、保険金が支払われなくなります。事故直後は特に痛みを感じなかったため警察を呼ばなかったところ、時間の経過により怪我や後遺症が発覚するケースも多く聞きますので、注意してください。

身体に異常を感じた場合には、当然ですが、救急車を呼ぶなど、すぐに医療機関で治療を受けてください。この点、多忙であったり我慢して通院しない人がいますが、健康上の問題のほか、損害賠償請求上でも不利な事情となる可能性がありますので注意してください。

2 物損事故の損害賠償請求について

軽微な物損事故において、弁護士費用特約などが利用できない場合には、被害者自身が請求を行う場合も多いと思います。

物的損害について、主な項目を説明しますと、車両の修理が可能な

場合、修理費を損害とできます。修理費が、車両時価と買替諸費用の合計を上回る場合には、全損扱いになります。営業や通勤通学等において代車が必要な場合には代車使用料、車両の修理により営業ができない場合には休車損害、積荷が破損した場合等ではそれらの時価についても損害に含めることができます。

3 人身事故の損害賠償請求について

通院費等は、通院が長期にわたる場合、病院から保険会社に直接請求してもらえる場合も多くありますので、病院に相談してください。入通院慰謝料は、入通院期間（ケースによっては頻度）に応じて算定されます。休業損害（アルバイトを休まざるを得なかった場合等）は、就業先に休業損害証明書の作成をお願いしましょう。

　後遺症が残る場合、後遺症による逸失利益や慰謝料を請求することになります。後遺症の重さは、等級（1級から14級まで）に分けて判断されます。等級認定は、任意保険会社が損害保険料率算出機構に対して資料を提出する場合が多いですが、被害者自身が提出することも可能です。認定に不満がある場合、異議を申立てることができます。

DIRECTIONS　A君のように、治療が長期にわたると、一定の時期に保険会社から、症状固定（※それ以上は治療の効果が大きくは期待できず、症状が最終の状態に達したといいうる状況など）したとして、最終的な賠償金額の交渉に入りたいとの連絡がきます。症状固定となるとその後の治療費の支払は受けられなくなりますので、注意が必要です。また、むち打ちは、レントゲン等で症状が確認ができないため、後遺障害等級の認定にあたっても問題となります。人身事故の場合は特に注意、検討すべき点が多いため、弁護士に相談することをお勧めします。

（弁護士　小島秀一）

52
自転車に追突されて怪我をした際の注意点は？

〔設例〕Ａ君は、歩道を歩いていたところ、後方からきたＢさんが乗る自転車に追突されて転倒し、左腕を骨折してしまいました。Ｂさんは何らの個人賠償責任保険にも加入していないようなのですが、今後、Ａ君はどうすればよいでしょうか。

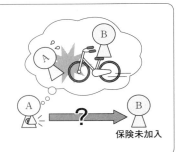

1 自動車事故との違い

自転車事故の場合、自動車事故と異なり、自賠責保険や政府補償事業からの支払いを受けることができません。また、自転車は免許が不要ですので、子どもが運転している場合もあります。そのため、加害者の資力がなく、十分な補償を受けられない可能性があります。さらには、弁護士が代理人につかず、本人同士が交渉を行うケースも多く、感情的に対立し、紛争解決が困難となる場合があります。

2 加害者が未成年者の場合

加害者が未成年者の場合、当該未成年者に責任能力がないと認められる時には、その監督義務者（通常は親など）が代わって損害賠償責任を負うことになります（民714条）。年齢と責任能力の有無との関係は、概ね12歳から13歳前後が境界となります。そのため、例えば高校生が加害者となった場合には、民法714条に基づいた請求はできません。

この点、加害者に責任能力があるとしても、監督義務者に対して、監督義務違反の不法行為があると構成して、損害賠償を請求する場合があります（民709条）。もっとも、この場合、被害者の側で監督義務者の監督義務違反等の要件を立証する必要があります。

3 利用できる制度等

治療費については、健康保険を利用できます。この点、交通事故による治療は、健康保険の利用ができない、という医療機関があります。しかし、交通事故であっても健康保険が利用できるというのが一般的な解釈です。仮に拒絶された場合でも、医療機関に、任意保険からの支払いを受けられないこと等、状況を説明してみてください。なお、第三者からの傷害によるものですので、健康保険事業の運営主体に傷病届の提出が必要となる場合があります。

被害者が業務や通勤中の事故であれば、労災保険が利用できます。死亡や後遺症が残る事故の場合には、公的年金に加入していれば遺族基礎年金、障害基礎年金等が受けられる場合があります。

DIRECTIONS

A君としては、まずは、Bさんに対して、加入している全ての保険を確認し直すように求めるべきです。自動車保険の他、火災保険や傷害保険、また、クレジットカードに、個人賠償責任保険が付帯されている場合がありますので、注意して確認をしてもらいましょう。

Bさんが全く保険に入っていなかった場合、A君自身の保険を確認する必要があります。例えば、傷害保険、人身傷害保険、TSマークに付帯している保険などがあります。TSマークとは、自転車安全整備士が点検整備した普通自転車に貼付されるもので、傷害保険と賠償責任保険が付いており、有効期間は点検日から1年間です。

A君がBさんに、直接、損害賠償請求する場合、感情的な対立が起きやすい傾向があると思われます。仮に交渉が決裂した場合には、訴訟、調停、裁判外での紛争解決手続（ADR）等で解決することになります。自ら訴訟を提起することや、弁護士への依頼が難しい場合、第三者が間に入り話し合う手続きである調停やADRの利用をお勧めします。

（弁護士　小島秀一）

53

納得いかない交通違反、裁判で争える？

〔設例〕大学4年生のAさん（22歳）は、運転中に、突然警察官から停車を求められました。警察官によると、踏切に進入する直前に、一時停止を怠ったというのです。Aさんは、一時停止をしたことについて自信があり、警察官の指摘について納得がいきません。Aさんは、警察官の指摘について、争うことができるのでしょうか。

1 一時停止違反は犯罪行為？

道路交通法第33条本文は、「車両等は、踏切を通過しようとするときは、<u>踏切の直前（道路標識等による停止線が設けられているときは、その停止線の直前。以下この項において同じ。）で停止し、かつ、安全であることを確認した後でなければ進行してはならない。</u>」と規定しています。そして、同法119条は、この違反について、<u>3月以下の懲役又は5万円以下の罰金に処する</u>ことを規定します。

設例は、一見すると軽微な交通違反事案に過ぎないようにも見えますが、法律上は、窃盗や詐欺と同じ、刑事事件なのです。日本国憲法第37条は、「すべて刑事事件においては、被告人は、公平な裁判所の迅速な公開裁判を受ける権利を有する。」と規定していますので、Aさんは、検察官によって起訴された場合に、刑事被告人として、法廷の場において無罪を主張することができます。

しかしこのような軽微な交通違反についても、一般の刑事事件と同様に扱われるのであれば、自動車が広く普及した現代社会において

は、警察官や裁判所は対応しきれなくなりますし、国民の負担も非常に重いものとなってしまいます。

そこで、1968年に、増大しつつあった交通違反事件に対応するために導入された制度が、交通反則通告制度です。

2　交通反則通告制度とは

交通反則通告制度とは、軽微な交通違反につき、警察官にその違反を現認された者が、反則金の納付を行うことにより、刑事裁判（少年の場合は、家庭裁判所による審判手続）を経ずに済むという制度です。反則金は、刑罰の一種である罰金とは異なりますので、反則金の納付は、前科にはなりません。

Aさんは、その場で、警察官から「交通反則告知書」（通称「青切符」）に加えて、「反則金仮納付書」の交付を受けることになります。

DIRECTIONS

Aさんが、反則金の納付を行わない場合には、検察官の取調べを経て、公訴を提起される可能性があります。検察官は、Aさんの供述やその他の証拠を総合的に判断し、起訴するか否かを決めます。検察官が、Aさんの供述がその通りであると認めた場合や、Aさんを有罪にするための証拠が集められなかった場合には、Aさんを起訴しない（不起訴）とする判断を行うこともあります。

巷では「青切符が交付された場合でも、事実を争えば、検察官が不起訴にすることが多い。」といううわさもありますが、検察官がAさんを起訴し、裁判所がAさんの行為について有罪と認めた場合には、Aさんは、3か月以下の懲役又は5万円以下の罰金を科されることになります。この場合、Aさんの違反行為は、前科ということになりますので、安易な判断は避ける必要があります。

（弁護士　白木敦士）

54

お酒を飲んだ友人からドライブに誘われたら？

〔設例〕大学生のA君は、友人のB君と一緒に、B君の自宅でお酒を飲むことにしました。互いにビールを1杯飲んだあたりで、B君がA君に対し、「Cさん達から、今から一緒に飲もうってLINEがきた。電車はもう動いていないから、車でCさん達のところに行かない？俺が運転するよ。1杯飲んだくらいじゃ全然大丈夫だよ。」と言ってきました。A君は、B君に対して、何と言うべきでしょうか。

1 酒気帯び・酒酔い運転・人身事故

酒気帯び運転（呼気中アルコール濃度が0.15mg以上）を行った場合、行政処分としては、13点から25点の違反点数となります。刑事罰は、3年以下の懲役又は50万円以下の罰金です。

酒酔い運転については、特定のアルコール濃度は定められておらず、「アルコールの影響により正常な運転ができないおそれがある状態」にあるか否か（例えば、まっすぐに歩けない等）によって判断されます。行政処分としては、35点の違反点数となります。刑事罰は、5年以下の懲役又は100万円以下の罰金です。軽車両（自転車等）の運転についても刑事罰の対象となります（軽車両〔自転車等〕の酒気帯び運転については、刑事罰の対象とはなっていませんが、違法ではありますので留意してください）。

なお、軽く飲んだだけの場合でも、0.15mg以上が出ますので、分量を問わず時間をあける必要があります。また、前夜に飲酒し、睡眠をとった場合でも、翌朝、一定のアルコール濃度が出ます。酒量や個人の体質にもよりますが、体内からアルコールが消えるまで13時間以

上かかることもあるようです。

　飲酒運転を行い事故が発生した場合、極めて重い刑罰が科されます。例えば、アルコール等の影響により正常な運転が困難な状態で自動車を走行させ、人を死傷させたときは15年以下の懲役、死亡させたときは1年以上の有期刑となります（自動車運転致死傷2条1号）。さらに事故後、アルコールの影響の発覚を免れる行為（酒が抜けるまで逃げる等）を行うと12年以下の懲役となります（自動車運転致死傷4条）。

2　車両等の提供等

　自ら運転する以外にも、酒気を帯びている者に車両等を提供する行為、車両等を運転するおそれがある者に酒類を提供し、又は飲酒をすすめる行為、酒気を帯びていることを知りながら運転を依頼するなどして同乗する行為などを行うと刑事罰の対象となります。態様によって刑罰の重さは異なりますが、「5年以下の懲役又は100万円以下の罰金」から、「2年以下の懲役又は30万円以下の罰金」となります。免許を有している場合には行政処分の対象にもなります。事故が発生した場合、運転者と共に民事上の不法行為責任を負うこともあります。

DIRECTIONS

　B君は、ビールを1杯飲んだだけと言っていますが、少なくとも酒気帯び運転により、行政罰、刑事罰に問われる行為です。また、A君自身も、B君がお酒を飲んでいることを知っているため、同乗依頼をすれば、行政罰、刑事罰に問われます。

　近時、飲酒運転を行えば、大学等ついても容易に退学になってしまいます。事故の危険も高く、B君のみならず、A君についても、まさに人生が一変しかねない行為といえます。もしもA君の立場になった際には、B君に、これらのことを説明した上で、安易な行動で人生を破壊してしまわないよう、厳重に注意をしてください。

（弁護士　小島秀一）

STAGE 7

未成年から成人へ

55
未成年って、なあに？

〔設例〕私は、まだ18歳なので、未成年ですよね？何をしても責任を問われないって本当ですか？

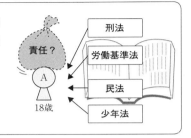

「未成年」と聞くと、どんなことを想像しますか？成人式の前？実は、成人式を規定する国民の祝日法2条では、「おとなになつたことを自覚し、みずから生き抜こうとする青年を祝いはげます」と規定しているだけで、成人年齢を定めていません。一方で、民法4条では、「年齢二十歳をもって、成年とする。」と定めています。しかし、若い人を特別扱いしている法律は他にもあるのです。それらを並べてみましょう。

年齢	内容	条文
14歳	14歳に満たない者の行為は罰せられない。	刑法41条
15歳	15歳になった年の3月31日までは原則労働させてはいけない。許可を得て働く場合も、午後8時から午前8時の就労禁止。	労働基準法56条、61条
16歳	女性は結婚が可能に。ただし、親権者の同意が必要。	民法731条、737条
	16歳未満は、懲役刑などの代わりに少年院に行く可能性。	少年法56条
18歳	男性も結婚が可能に。ただし、親権者の同意が必要。	民法731条、737条
	選挙権。国会議員の選挙や地方選挙で投票が可能に。	公職選挙法9条
	犯罪行為時、18歳未満だったら、死刑の適用はないなど。	少年法51条
	児童福祉法などによる保護は、18歳未満まで。社会全	児童福祉法4条、児童ポ

	体が18歳未満を養護の対象と扱い、性的搾取に対しては、特別の規制がある。	ルノ規制法2条など
	午後10時から午前5時の就労が禁止されなくなる。	労働基準法61条
	風俗店への立入り、ゲーセンへ午後10時以降の立入りが可能に。	風営法22条
20歳	結婚が親権者の同意なしに可能。	民法737条
	契約に親権者の同意が不要に。	民法4、5条（改正予定、 **56** 参照）
	飲酒が可能に。	未成年者飲酒防止法1条
	喫煙が可能に。	未成年者喫煙防止法1条
	競馬・競艇・競輪・オートレースでの賭け事に参加することが可能に。	競馬法28条、モーターボート競走法12条、競輪法9条、オートレース法13条
	20歳未満までは、家庭裁判所の審判で、矯正に重きをおいた審理を受けられる可能性がある。また、実名報道なども法規制がある。	少年法2条、61条など
	母子および寡婦福祉法でシングルマザーやファーザーをサポートする法制度があるのは、20歳未満の子どもがいる家庭。	母子および寡婦福祉法6条など

　こうやってみると、年齢によっていろんなレベルの制約や保護があって「成年」「未成年」ですべてが変わるわけではないことがわかりますね。法律上、「未成年」と規定しているのは、上記の表でいうと民法4条のほか、競馬法等、ギャンブル関係です。したがって、「成年」を規定している民法4条を改正すると、単独で契約できる年齢、ギャンブルができる年齢は自動的に変わりますが、選挙権や飲酒喫煙などは、個別の法律で変更が必要です。犯罪に関するものも、14歳未満は一切罰せられないのに対して、それ以降は罰せられる可能性はあるけれども18歳未満までの行為については、死刑の適用はないというように、段階的に特別扱いの度合いを変えています。法律の趣旨によって、さまざまな制約と保護があるのです。

（弁護士　塩川泰子）

56
未成年の年齢引き下げって

〔設例〕最近、ニュースで、未成年の年齢を引き下げるっていう話を聞きました。なんか、最近、話題らしいです。どういうことですか？私たちは、それによって、何か影響を受けますか？

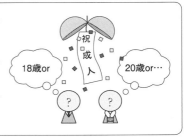

1 すでに引き下げられたもの

55でみたとおり、「未成年」など、若い人を特別に取り扱う法律は様々で、いろいろな年齢によって区切られています。最近、大きく取り上げられたものとしては、選挙権年齢の引下げがあります。選挙権を有するものを規定した公職選挙法9条において、以前は、20歳とされていたのが、18歳と引き下げられました。これは、若者の政治離れや、世界最高水準の少子高齢化を背景として、若者の意見をもっと政治に反映させるため、改正されたものです。世界でも、20歳というのは遅い方だというデータも後押ししました。

また、これに先立って、西鉄バスジャック事件というセンセーショナルな少年事件があった2000年、刑事罰対象年齢が14歳に引き下げられました（少20条）。その後も、山口女子高専殺害事件など、耳目を集めた少年事件があり、少年院送致の下限年齢14歳も撤廃されました。

2 引き下げが予定・検討されているもの

選挙権年齢の引下げが大きな契機となり、権利を与えるのであれば、責任も負わせるべきだという議論があります。この議論を受けて、民法の改正で、成人年齢を20歳から18歳に改正しようといわれています。ここでいう民法の成人年齢とは、**57**にある契約のお話です。保護者に黙って契

約した場合に、後から取り消せなくなる年齢が20歳から18歳に引き下げられるということです。

　刑事責任については、どうでしょうか。少年法の対象年齢は、今までも何度も議論されてきました。ただ、今回、選挙権年齢が引き下げられたのは、若者の意見を政治に反映しづらいという背景があったからでした。若者の責任を問いうる能力がアップしたかどうかということとは関係がありません。つまり、本当は、民法の改正も、少年法対象年齢の引下げも論理的必然の関係にはありませんが、大人として扱う年齢を一律にすべきだという議論は、一定の支持を受けています。ただし、 *55* にあるとおり、飲酒・喫煙ができるようになるのは20歳からと定められている等、年齢によっていろいろな制約と保護が従前から存在していました。今までの少年法改正も、おそろしい少年事件が「多発」したことを契機としていますが、実は、戦前からおそろしい少年事件は、たくさん記録されています。イメージだけで少年法対象年齢の引下げをすることに対して、弁護士会をはじめ、反対している人も多くいます。

　今後、どうなっていくか、注目でしょう。

3　引き上げが検討されているもの

一方で、引き上げが検討されているものもあります。女性の結婚可能年齢です。今までは、 *55* にあるとおり、女性は、16歳から親権者の同意があれば、結婚できました。しかし、この男女同権の時代に、不自然だろうということで、男女ともに18歳からということに改正されようとしています。

（弁護士　塩川泰子）

57

未成年のうちは、親の同意がなきゃダメ？

〔設例〕Aさん（18歳）は、大学進学のため、上京しました。初めてのひとり暮らしでわからないことばかり。仕送りは、今までのお小遣いより大きなお金をまとめてもらえたので、うれしくなってデパートで高い服を買ってしまいましたが、よくよく考えてみたら、こんな高価な服は着る機会がありません。この買い物をどうにかできないでしょうか。

1　未成年者の契約は取り消せる？

55の解説にあるとおり、20歳未満の場合、「法定代理人」の同意がないと契約できないこととされています（民4、5条）。制限能力者というと、なんか腹立たしいかもしれませんね。ただ、これは、能力が一般的に限定されていても不思議ではないから、保護してあげようという規定です。法定代理人というのは、一般的には、親権者、すなわちご両親のことを指します（民818条）。もし、ご両親が離婚している場合、親権者はそのどちらか一方に指定されています（民819条）。また、両親が亡くなるなどの事情がある場合は、未成年後見人という人が指定され、その人が法定代理人となります（民838条）。こういった法定代理人の同意がないまました契約は、取り消すことができます（民5条）。お店からすると、後から取り消されると困るので、未成年のうちは、いちいち保護者の署名を要求しているわけです。

そうはいっても、みなさん、お小遣いなど、自由にお金を使ったことがあると思います。実は、この取消権は、「法定代理人が目的を定

めて処分を許した財産」をその目的の範囲内で処分するときや、「目的を定めないで処分を許した財産を処分するとき」には認められません（民法5条）。前者は、「学費、家賃、生活費に使いなさい」と言って渡された場合、後者は「好きなものを買いなさい」と言って渡されたお小遣いなどです。Aさんが、「学費、家賃、生活費に使いなさい」と言って渡されていたお金で買ったなら、高級服は目的の範囲外なので、取り消せるでしょう。一方、「これでやりくりしなさい」と言われていた場合、目的が定められずに処分を許されたものとして、取り消せない可能性があります。「これでやりくりしなさい」と言われたら気を引き締めてねというメッセージだと受け取りましょう。

2　その他、注意点は？

Aさんが既に結婚していた場合、こういった保護はなくなります（民753条）。結婚するくらい分別があるなら、大人として扱っていいでしょう、ということですね。その後、離婚したとしても同じことだと考えられています。これは、契約などをする能力についての問題なので、お酒やたばこがOKになるわけではないことに注意が必要です。

また、Aさんが、自分は20歳を超えていると欺いた場合や、親（法定代理人）の同意があると嘘をついた場合も、こういった保護は受けられなくなります（民21条）。

Aさんのケースではあまり想像できませんが、このほかにも自分でビジネスをすることが許された場合、そのビジネスに関しては、未成年として扱われなくなります（民6条）。

（弁護士　塩川泰子）

58
未成年のうちは、責任を逃れられる？

〔設例〕Ａさんは、まだ18歳であるＢさんから殴られてケガをしました。とても腹が立ちます。でも、よく、未成年だと保護されると聞きます。責任を問えないのではないか、心配です。

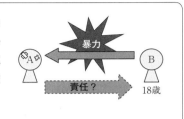

1 民事責任と刑事責任

まず、故意または過失で、だれかに損害を負わせた場合、大人であれば、損害賠償責任は発生しそうですね。これを不法行為責任といいます（民709条）。また、人を殴ってケガをさせるという行為は、大人であれば、傷害罪に問われそうです（刑204条）。

前者が民事責任、後者が刑事責任です。被害者としては、賠償してもらえる民事責任の方が、直接的な救済になります。未成年の刑事責任については、詳しくは *119* をご覧ください。

2 未成年の不法行為責任

民法では、20歳未満が未成年とされています（民４条）。未成年者は、原則として、単独で契約を締結するなどの行為ができません（民５条）。その意味で、未成年だと保護されるというのは事実です。

しかし、契約をするにあたって必要な判断能力と、やっていいことと悪いことの区別をする判断能力では、差があります。ある程度の年になれば、やっていいことと悪いことの区別はつくでしょう。そのため、不法行為責任については、別途「未成年者は、他人に損害を加えた場合において、自己の行為の責任を弁識するに足りる知能を備えていなかったときは、その行為について賠償の責任を負わない。」（民

712条）という規定があります。具体的な年齢は、法律には書かれておらず、事例に応じて裁判所が判断することになりますが、一般的には、12歳前後で不法行為責任を認めることが多いようです。設例のBさんは、18歳で、殴ったら、ダメだし、どんな被害が生じうるか、当然わかってしかるべき年齢ですから、損害賠償責任は問えると考えられます。

なお、本人に責任能力がない場合、監督者の責任を問うことができるとされています（民714条）。保護者などがその責任を負う場合も考えられますし、保育園の職員さんは、保育園のできごとについては、監督者責任を負うことが考えられます。

3 未成年だとお金をもっていない…

不法行為責任が認められる場合でも、現実に、Bさんはお金をもっていない可能性があります。これは、大人でも同じことといえば同じことなのですが、お金をもっていない人からお金はとれません。未成年であれば、お金をもっていないことが当然に予測されるので、やりきれませんね。

そこで、親の責任を問えないかという問題意識が芽生えます。裁判例では、親の監督不行届きが当該損害発生と因果関係をもっている場合のみ、親にも不法行為責任が発生しうるとしています。犯罪歴や補導歴があり、監督を誓ったのに、監督を全くしていなかったという場合には、親に不法行為責任を問える可能性があります。

（弁護士　塩川泰子）

59
未成年者と政治活動

〔設例〕Aさんは、19歳。妹のBさんは、17歳。Aさんは、大学で行われた政治家Xの講演に感銘を受け、Xのかかげていた公約について、妹に熱弁をふるいました。そうしたところ、高校3年生になり学校で選挙運動について注意事項を学んでいた妹のBさんは、「うーん、確かになるほどって思うけど、私はそれを人に伝えると処罰される可能性があるんだよね」と言いました。そうなのでしょうか？

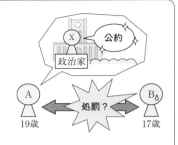

1 選挙運動と政治的活動

よく混同される点なのですが、公職選挙法で禁止されているのは、「選挙運動」です。選挙運動とは、「特定の選挙について、特定の候補者の当選を目的として、投票を得又は得させるために直接又は間接に必要かつ有利な行為」をいいます。これは、選挙権のある者であっても、公示期間しか行ってはいけないことになっています（公選129条）。**60** にあるとおり、18歳以上と違って、18歳未満の人ができないのは、この「選挙運動」のことです（公選137条の2）。ある政策について、「なるほど、この政策っていいんじゃない？」と友だちと話すことは、政治的活動とみられることはあっても、選挙運動には当たらないと考えられ、18歳未満だからといって、処罰されるということはありません。

2 未成年の政治的活動

そうはいっても、選挙権をもたないうちから、政治的活動なんて、ちょっとなじみがないかもしれませんね。

実は、政治的活動の自由というのは、表現の自由（憲21条）の一環として、全国民に保障されています。表現の自由というのは、創作をするなどの自己実現のためだけではなく、議論や批判を通じて社会をより良くしていくという意味があることから、とても大切な人権だとされています。政治的活動の自由は、そういう意味で、表現の自由の根幹といってもいいかもしれません。

　若いという特性に応じてなにか制限はないのかという点については、日本も批准している児童の権利に関する条約がわかりやすく規定しています。この条約にいう「児童」とは、原則として18歳未満のことをいい（児童約1条）、児童の権利行使に当たっては、保護者などに「児童の発達しつつある能力に適合する方法」での指示をする責任を定めつつも（児童約5条）、児童にも表現の自由を保障して、「あらゆる種類の情報及び考えを求め、受け及び伝える自由を含む」といっています（児童約13条）。また、同15条では、結社の自由及び平和的な集会の自由も保障し、「民主的社会において必要なもの以外のいかなる制限も課することができない」としています。

　日本では、学校教育において、政治的中立性が求められるため（教基14条参照）、文科省から学校向けに政治的活動についての通達が出されていますが、生徒自身には政治的活動の自由が保障されているわけです。ただ、学校では、中立性を守ることや、学生の本分である勉学を忘れないようにするため、構内で政治的活動をすることを校則で禁止していたり、校外でも勉強の差しさわりになる政治的活動を制限していたりするところがあるかもしれません。

（弁護士　塩川泰子）

60
選挙の応援で気をつけることは？

〔設例〕A君（19歳）は、大学で所属しているサークルの卒業生の先輩が選挙に出ると聞いて、応援をしたいと考えています。実際に、選挙運動をするにあたって、A君が気をつけるべきことには、どのようなものがあるでしょうか。

1 選挙運動とは

選挙運動とは、①特定の選挙で、②特定の候補者のため、③投票を得又は得させる目的で、④直接又は間接に必要かつ有利な行為をすること等と解釈されています。平成27年に公職選挙法が改正され、18歳以上であれば選挙運動ができます。

選挙運動が行える期間は、選挙の公示日又は告示日から投票日の前日までです。この期間以外の選挙運動は「事前運動」として禁止されています。なお、立候補の準備等、可能な活動もありますが、選挙運動との区別が必ずしも明確ではないものもあるので注意が必要です。

2 禁止事項

選挙期間中であっても、公職選挙法により、例えば、以下の行為が禁止されています。

①買収：投票の為にお金を支払う、選挙運動員にアルバイト代を支払う、飲食をおごるなどの行為。この点、労務者・事務員・車上運動員（ウグイス嬢）に対する報酬、交通費等の実費の弁償等、一定の法律の要件に従って認められるものもありますが、不明なお金は受け取らないようにしましょう。外食の際には割り勘にしてください。なお、第三者が飲食物を提供することも、湯茶及びこれに伴い通常用いられる程度の菓子を除き、禁止です。

②文書違反：法律で特に認められたもの以外の文書の頒布。一部の

選挙を除き、証紙が貼られ、他の法定の要件を満たした選挙運動用ビラを、選挙事務所や個人演説会場、街頭演説の場所等で頒布することはできます。直接家のポストに入れることはできません。手持ちのはがきや、選挙運動用のHP・電子メールを印刷して頒布することもできません。

③戸別訪問：投票を依頼する等の目的で自宅や会社、工場等を訪問する行為は禁止されています。一方、電話をかけたり、街頭などで偶然会った人に対し、投票依頼をすることはできます。

④署名運動：投票依頼等を目的として、後援会加入や特定の政策等への賛否などの署名運動をすることはできません。

⑤人気投票の公表：選挙に関する事項を動機として、公職に就くべき者を予想する人気投票の経過又は結果を公表することは禁止されています。ネット上でこのような行為をしないよう注意が必要です。

3　インターネット選挙

HP、ブログ、ツイッターやフェイスブック等のSNS、動画共有サービス、動画中継サイト等を利用することが可能です。ただし、その際、電子メールアドレスその他インターネット等を利用する方法によりその者に連絡する際に必要となる情報（返信用フォームのURL、ツイッターのユーザー名等）を表示することが義務づけられています。一方、電子メールを利用した選挙運動は、候補者・政党等にのみに認められており、有権者は行うことはできません。候補者から送られてきたメールを転送することもできません。

DIRECTIONS

上記以外にも禁止事項はあり、また、公職選挙法は曖昧な部分も多くあるため、不明確な点は独断せず、選挙管理委員会に問い合わせる等、確認をしてください。民主主義を支える極めて重要な活動であり、慎重に行動していきましょう。

（弁護士　小島秀一）

61
住民票は移さなくてはいけないの？

〔設例〕大学1年生のAさん（20歳）は、愛知県名古屋市出身です。東京の大学に進学し、東京都新宿区で一人暮らしをしていますが、愛知県名古屋市に転出届を提出しておらず、また、東京都新宿区に転入届を提出していません。したがって、Aさんの住民票上の住所は、愛知県名古屋市内にあります。Aさんは、特に困ることはないと思い、そのままにしていますが、問題はないでしょうか。

1 住所の移転を市町村（特別区を含む）に届けるべき法的義務

住民基本台帳法は、住所の移転に際して市町村に届出を行うことを求めています（住民台帳22条～24条）。

(1) 別の市町村へ転出する場合 この場合、まずは転居の前に、市町村長に対して、転居の予定を届ける必要があります（住民台帳24条）。これを、転出届といいます。

その次に、転入日から14日以内に、転入先の市町村長に対して、転入届を提出しなければなりません（住民台帳22条1項）。ここで、転出届を提出した際に受け取った転出証明書を、提出することが求められます（なお、住民基本台帳カード又はマイナンバーカードを持っている方については、簡素化のための特例があります）。

(2) 同一の市町村内で転居する場合 この場合は、転出届の提出は必要ありません。転居日から14日以内に市町村長に対して、転居届を提出することで足ります（住民台帳23条）。

2 住所の変更とは？

そもそも、住所とはどのようなものでしょうか。民法22条は「各人の生活の本拠をその者の住所とする」と規定しており、手がかりとなりますが、それでも、「生活の本拠」についての理解が問題となります。

住所とは、あまり厳格に理解されている訳ではありませんが、Aさんのように東京で生活をしている方にとって、住民票上の住所を変更しないでおくことは、多くの不便を生じます。

3 転入届・転居届を提出しないと……

正当な理由がなく上記の届出を行わない場合には、5万円以下の行政罰が科せられる可能性があります（住民台帳52条2項）。

また、選挙権を行使する場面や、自動車の運転免許を更新する際にも不便が伴います。さらに、生活の上で、住民票や印鑑登録証明書などが必要となる場面があると思います。しかしながら、これらは、住民票上の住所地の市町村において交付を受けるものですので、住民票の住所地が、生活地から離れている場合には、郵送で取得手続を行わなければなりません。

また、生活地の市町村が実施している住民サービス（公立図書館、公立プールの利用等）においても、不便を生じることがあるかもしれません。

DIRECTIONS

学生生活においては、上記の他に、アルバイトや就職活動の際などに、急きょ、住民票の取得が必要になる場面もでてきます。そのような場合に困らないよう、転居と同時期に住民票を移しておくことをおすすめします。

（弁護士　白木敦士）

62
学生でも年金を納付しなくてはいけないの？

〔設例〕大学2年生のAさん（19歳）は、6月で20歳の誕生日を迎えます。5月のある日、日本年金機構から、「国民年金被保険者資格取得届」を提出する旨の通知が届きました。Aさんは、今後国民年金を支払

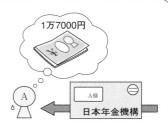

っていかなければならないのでしょうか。Aさんは、アルバイトをしているものの、1か月に約1万7000円を支払うことは難しいと感じています。Aさんは、どうしたらよいでしょうか。

1　国民年金とは

国民年金とは、日本国内に住所を有する20歳以上60歳未満の者が加入する公的保険制度です。「年金」と聞くと、老後に貰う年金（老齢基礎年金）のイメージしかないかもしれませんが、実はそれだけではありません。その他にも、病気やケガが原因で障害が残ったときに受け取れる年金（障害基礎年金）、国民年金に加入中の方が亡くなったときの遺族のための年金（遺族基礎年金）があります。

　国民年金は、日本国内に住所を有する者であれば、学生であっても、納付義務を負うことになります。

DIRECTIONS　(1)　**学生納付特例制度の利用**　Aについては、「学生納付特例制度」を利用することにより、一定期間、在学中の保険料の納付を猶予してもらうことができます。

　学生納付特例制度を利用するためには、申請が必要です。学生であることによって、自動的に制度が適用される訳ではありません。

　また、この制度の利用に際しては、家族の所得は関係ありません。

実家の親が高額所得者であっても、学生自身は利用することができます。他方で、学生につき、アルバイト等で一定額の所得を得ている場合には、利用できませんので、注意が必要です。

(2) **就職した後で** 学生納付特例の適用を受けた期間の年金については、10年以内（例えば、平成29年4月分は平成39年4月末まで）であれば保険料をさかのぼって納めることができます。これを、年金の追納といいます。

なお、学生納付特例期間の承認を受けた期間の翌年度から起算して、3年度目以降に年金を追納する場合には、当時の保険料額に経過期間に応じた加算額が上乗せされます（加算額については、日本年金機構のホームページをご確認ください）。

しかしながら、加算額はそれほど高額のものではありませんので、学生の方は、学生納付特例制度を積極的に利用されることをお勧めします。

また、突然の失職などで、国民年金の支払いが困難になった場合では、保険料の減免制度がありますので、お近くの年金事務所で確認してください。

（弁護士　白木敦士）

UNIT II

アルバイト・就職活動

STAGE 1

アルバイトでのトラブル

63

休憩なしや残業はアルバイトなら当たり前？

〔設例〕A君は、居酒屋でアルバイトをしていますが、店長がかなりいい加減で、店が混んでいたら休憩無しで何時間もぶっ続けで働かされますし、お客さんが途切れなければ約束していた勤務時間を超えても店が終わるまで働くことを求められます。アルバイトだからってこんなことが許されるのでしょうか？

1　アルバイトにも休憩を与える必要があること

労働基準法は、「使用者は、労働時間が六時間を超える場合においては少なくとも四十五分、八時間を超える場合においては少なくとも一時間の休憩時間を労働時間の途中に与えなければならない。」と定めています（労基34条1項）。この規定は当然、アルバイトにも適用がされますので、アルバイトであっても上記の時間を超えて働く場合には休憩を取得する権利があります。これに反して、休憩を与えない使用者には罰則もあります（労基119条1号）。

また、休憩時間は、あくまで「休憩」をするための時間ですので、労働者はその時間を業務から離れて自由に利用することができます。労働者が自由に利用できない時間は休憩時間とは認められません（労基34条3項）。お客さんがいない時間であっても、店頭で店番や電話番をさせられている時間などは、休憩時間ではなく労働時間と考えられますので、使用者が職場で定める「休憩時間」が法的な休憩時間と一致しないこともありえます。この点には注意が必要です。

2 時間外労働の義務

労働時間は、使用者と労働者との契約に基づいて決まります。契約書または就業規則で定められている労働時間が、労働者が働く義務を負っている時間となります（所定労働時間）。したがって、それを超えて労働を命じるためには、契約で残業を行うことを予定しておく必要があります。まずは、契約書や就業規則において、所定労働時間を超えて労働をすることが合意されているか確認してみましょう。

次に、契約において所定労働時間を超えて労働をすることが予定されている場合でも、それが法定労働時間（労基32条）を超える場合には、法律上の例外要件を満たす必要があります（労基36条）。例外要件を満たしていない場合には、契約上の定めに関わらず、法定労働時間を超えて残業を命じることは違法ということになります（なお、法定労働時間を超えた労働には、基礎賃金に割増率を乗じた割増賃金〔残業代〕が支払われます。詳しくは **64** を参照して下さい）。

DIRECTIONS

休憩をもらえない場合には休憩時間の付与が法律で決まっていること、自由に利用できないような「休憩時間」を与えられている場合には完全な休憩が必要であることを主張し、使用者に休憩時間の確保を求めてみましょう。それでも使用者が応じない場合には、労働基準監督署等に相談をし、指導をしてもらうといったことが考えられます。このような場合に重要なことは、休憩を取得させてもらえていないといった状況を裏付けるための客観的な証拠の収集です。休憩時間を与えないような労務管理をしている使用者においては、タイムカード等で記録上は法定の休憩を取得しているように記録を改ざんしているケースも多くみられます。このような場合には、自分で始業時間・終業時間を記録しておき、使用者の記録上は休憩時間とされている時間帯も就労していたことを客観的に裏付けることが求められます。　　　　　　　　（弁護士 太田和範）

64

アルバイトには残業代は支払われないの？

〔設例〕A君は、大学の授業が終わった後、飲食店でアルバイトをしています。夕方の4時から午前1時まで休憩無しでずっと働いているのですが、時給1000円ということで、9000円しかもらっていません。「残業代」っていうものがあると聞いたことがあるのですが、アルバイトには支払われないのでしょうか？

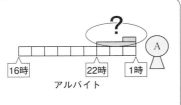

1 法定労働時間

労働基準法は、使用者が原則として労働者を働かせることができる時間を定めています。これを法定労働時間といい、1日8時間、1週間40時間以内というのが基本的なルールとなっています。これ以上の時間を超えて労働者に労働をさせた場合には、法定の割増率を乗じた割増賃金を支払わなくてはなりません（労基37条）。

2 割増賃金

法定労働時間を超えた労働には、基礎賃金に割増率を乗じた割増賃金（残業代）が支払われます。アルバイトの場合、基礎賃金は使用者との間で定められた「時給」が該当する場合が多いと考えられます。

法定の割増率ですが、まず法定労働時間を超えた労働については、25％割り増しされた賃金が支払われなければなりません（時間外割増賃金）。仮に時給1000円の約束で1日9時間働いた場合には、最後の1時間について、時給は1250円となります。

また、法定労働時間を超えていない場合であっても、深夜や早朝に労働した場合には、それだけで割増賃金の支払いの対象となります（深夜割増賃金）。具体的には、22時から翌5時までに労働をした場合に

146　UNIT Ⅱ　アルバイト・就職活動——STAGE 1　アルバイトでのトラブル

は労働時間数に対して25％の割増賃金が支払われる必要があります。

　なお、設例のような場合、22時から午前０時までの２時間については、時給1250円となり、午前０時から午前１時までの１時間については、（時間外＋深夜）割増ということになるので、25％＋25％で50％の割増賃金（時給1500円）ということになります。

　この他にも１週間に40時間以内の制限を超えて働いた場合の時間外割増や休日労働に対する休日割増賃金が適用される場合があり、繰り返しともなりますがアルバイトにも当然適用がされます。

DIRECTIONS　このように、法定労働時間を超えて働いた場合、割増賃金が支払われる必要がありますが、使用者から払われている「時給」が必ずしも割増賃金を加えた金額になっていない場合も多く見受けられます。

　そのような場合には、未払いの割増賃金（残業代）を求めて使用者に対して請求を行うことになります。この際に気をつけなくてはならないのは、どの日にどれだけの時間働いていたかを立証する責任は請求をする労働者の側にあるという点です。

　アルバイトにおいては、労働時間の管理方法として、タイムカードを使用していることが多いと考えられますので、タイムカードのコピーや写真を撮っておくことが望ましいです。仮にこれらの入手が困難な場合や記録が不正確な場合、労働時間が不当に切り下げられている場合には、仕事の時間や内容をメモしておくこと、仕事の開始時間と終了時間を親や友達にメールで毎日伝えておくことといったことが証拠となる場合があります。できる限り客観的な方法で勤務時間を記録しておきましょう。記録から労働時間が裏付けられれば、割増率を掛けて残業代を請求することができます。

（弁護士　太田和範）

65

塾講師アルバイトでの準備時間は？

〔設例〕A君は、中高生相手の学習塾で、塾講師のアルバイトをしています。塾からは、授業時間一コマ当たりでアルバイト代をもらっていますが、授業後に生徒から質問を受けることはもちろん、授業前後に学習塾内での会議に出席をすることも業務の内容になっています。その上、授業を一コマ実施するためには、教材やプリントの作成などに、授業時間の何倍もの準備時間が求められます。塾から支給されているアルバイト代は適正なのでしょうか？

1 労働時間とは

労働時間とは、「労働者が使用者の指揮命令下に置かれていると評価できる」時間であると裁判実務においては考えられています。現実に何らかの業務に従事している時間はもちろん労働時間ですし、待機時間についても、使用者の指示があれば直ちに業務に従事しなければならないような場合には、労働時間に含まれると解されています。

2 授業時間外の労働時間の評価

先に述べたように、労働者が使用者の指揮命令下に置かれていると評価できる時間は、労働時間に該当することになります。そうすると、授業時間はもちろん、学習塾内で生徒の質問に対応をしている時間、学習塾内で会議に出席をしている時間については、それが業務の内容として義務付けられている以上、当然に労働時間になります。また、授業準備についても、授業で用いる教材等を作成することが義務付けられている場合はもちろん、塾内の慣習上、アルバイトが当然に授業準備に必要な教材作成を

行うことが前提となっているような場合については、労働時間と評価される可能性が高いと考えられます。

DIRECTIONS このように、学習塾において一コマ当たりいくらという形で給与が支払われている場合であっても、授業時間外に使用者の指揮命令下に置かれていると評価できるのであれば、その分の労働時間についても給与の請求を請求することができることになります。

この場合に問題になるのが、果たしてどのくらいの時間が労働時間として評価することができるかという点です。設例の場合のように、学習塾内での会議や生徒の質問時間など、学習塾内で拘束されて労働に従事していた時間については、その時間を客観的に記録しておくことが可能であると思われます。他方で、自宅等で授業準備を行った場合等には客観的な証拠となる記録を取ることが困難な場合があります。この場合には、何らかの方法で作業時間の裏付けをする必要があります。自分で作業時間をメモするといった方法も考えられますが、できれば客観的な記録を取っておくことが望ましいと考えられます。

なお、学習塾によっては、一コマ当たりの給与以外に、「授業時間外の活動への対価」として何らかの手当を支給していることがありますが、このような手当を支給しているからといって、全く授業外の仕事に対して給与がもらえないということではありません。基本的には、当該手当が、「授業時間外の活動の対価」として、どのような活動を想定しており、想定されている業務時間は何時間なのかといったことが明示されていない限り、抽象的な名目の手当の支給だけでは対価として不十分であると考えられる可能性が高いと考えます。手当が払われているから請求は無理だと安易に考えることなく、弁護士等の専門家に相談をして下さい。

（弁護士　太田和範）

66
アルバイトでも有給休暇はもらえる？

〔設例〕A 君は、飲食店でアルバイトをしていますが、大学の試験期間も近づいてきたので、その期間アルバイトを休もうと思い、店長に有給休暇を取れるのか相談をしました。

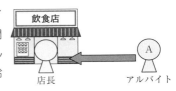

ところが、店長からは「アルバイトに有給なんかあるわけないだろう。」と怒られてしまいました。
本当にアルバイトには有給休暇はないのでしょうか。

1 アルバイトでも有給休暇はもらうことができます

アルバイトにも、有給休暇（以下、「有休」とします。）を取得する権利が法律上認められており、使用者はアルバイトであっても、法律に定めた条件を満たした者に対しては、所定の日数の有休を与えなければなりません（労基39条）。

2 有休の日数について

法律上、6ヶ月以上継続して勤務をしている労働者で、所定労働日数の8割を出勤した者には10日間の有休が付与されることになっています。これはアルバイトであっても同様です。

ただし、これは「週5日以上又は週の所定労働時間数が30時間以上の勤務」という要件を満たした労働者に対する規定ですので、その要件を満たさない場合には、「比例付与」という方式で有休が付与されることになります（労基39条3項）。

アルバイトの場合、比例付与の方式で算定することになる場合が多いとは思いますが、上記の要件を満たしていれば、アルバイトであっても通常の算定方法が適用されます（※厚生労働省 労働条件に関する総

合情報サイト http://www.check-roudou.mhlw.go.jp/parttime/ を参照して、自分の雇用条件と照らして有休の日数を確認して下さい)。

　なお、仮に使用者において、法律の定めを下回る基準で日数が定められている場合にはその規定は無効となりますので、法律上の基準に従い有休の日数を算定して下さい。

DIRECTIONS 　実際に有休を取得する場合の留意点ですが、まず、有休の取得にその目的は関係ありません。使用者は利用目的によって有給の取得を拒めませんので、設例の様に試験勉強のためといった理由でも問題はありませんし、そもそも利用目的を告げる義務もありません。

　次に、使用者から「店（会社）が忙しいからその日はだめだ」と拒まれることもあるかもしれません。これは時季変更権（労基39条5項）というものですが、基本的には使用者は労働者が有休を取得できるだけの余裕をもって人員を確保する義務があり、使用者側によほどの切迫した事情がない限りは、このような主張は時季変更権の濫用となる可能性が高いと考えられます。

　また、仮に使用者から有休の取得を拒まれたとしても、法律の定めに則り有休を取得することを請求すれば、承認を得られないとしても有給は取得できます。このような場合、有休の取得について争いにならないように、有休を請求した事実が後からわかるように、書面やメール等の客観的な証拠が残る方法で通知することが重要になります。

　なお、後日、使用者から休んだ分の給与が一方的にカットされるといったことも想定されますが、当然そのような対応は違法となりますので、有休を取得したことに基づき、その分の賃金の請求を行うことができるということになります。

（弁護士　太田和範）

67
アルバイト先でのパワハラ・セクハラ

〔設例〕Aさんは、飲食店でアルバイトをしていますが、店長がアルバイトに対してすぐに怒鳴ったり、暴力をふるったりといった行動を繰り返しています。一方で、お気に入りの女性のアルバイトには、体に触ったり、性的な発言を繰り返したりする上、アルバイトの時間外にデートに誘ったりとやりたい放題です。アルバイトだからって我慢し続けなければならないのでしょうか？

1 パワハラとは

パワハラ（パワーハラスメント）とは、「同じ職場で働く者に対して、職務上の地位や人間関係などの職場内の優位性を背景に、業務の適正な範囲を超えて、精神的・身体的苦痛を与える又は職場環境を悪化させる行為」（厚生労働省 職場のいじめ・嫌がらせ問題に関する円卓会議WG報告）と定義されています。具体例としては、①直接・間接の暴力、②言葉やメール等による脅迫、名誉棄損、侮辱、暴言、③仲間外れ、無視、仕事外し、④業務上不要または遂行不可能な業務の強制、⑤能力や経験とかけ離れた程度の低い業務を命じることや業務を与えないこと、⑥プライベートな事項に過度に干渉することといったことが挙げられています。パワーハラスメントに該当する行為に対しては、行為者に不法行為に基づく損害賠償請求（民709条）を行うことはもちろん、行為態様によっては、暴行罪（刑208条）、脅迫罪（刑222条）、名誉棄損罪（刑230条）、侮辱罪（刑231条）といった刑事上の責任等を追及することもできます。また、行為者だけではなく使用者に対して使用者責任（民715条）又は職場環境配慮義務違反に基づく損害賠償請求を行うことも法的には考えられます。

2　セクハラとは　セクハラ（セクシャルハラスメント）には、職場において行われる労働者の意に反する性的な言動で、①それに対する労働者の対応により当該労働者がその条件につき不利益を受けるもの（対価型）、及び、②それにより労働者の職場環境が害されるもの（環境型）の2つの類型が定義されています（雇均11条）。性的な言動の具体例としては、性的な関係を強要することはもちろん、性的な事実関係を尋ねること、性的な冗談、食事やデートへの執拗な誘い、必要なく身体への接触を行うことといったものが該当します。セクハラについても、行為者及び使用者に対して損害賠償請求を行うことができるほか、場合によっては、強制わいせつ罪（刑176条）や公然わいせつ罪（刑174条）等の刑事上の責任に問える場合もあると考えられます。

DIRECTIONS　何よりも重要なことは、できる限り客観的な形で証拠を残しておくことです。パワハラやセクハラは公ではない場で行われることが多く、発言を録音しておくことやメール等の記録を保存しておくことが非常に重要です。そのような方法ができない場合でも、「どのような行為や発言を、いつ、どこで受けたか、それはどんな内容であったか」といった記録をできる限り作成しておくことが、第三者に相談するにあたって望ましいと考えられます。その上で、行為者ではなく上司や会社の担当窓口に相談に行くこと、セクハラの場合には労働局の雇用均等室に相談に行くことが考えられます。もちろん、弁護士に相談をして損害賠償請求を行うことや刑事告訴を行うことを考えてもよいと思います。他方でハラスメントが横行するような会社で無理に働き続ける必要もありませんので、責任追及とは別に、アルバイトを辞めるという選択肢も十分に考えられると思います。

（弁護士　太田和範）

68

無理なシフトを組まれたらどうするか？

〔設例〕A君は、コンビニエンスストアでアルバイトをしています。当初は、大学の授業を前提として空いている時間で働いていいという話だったはずなのですが、お店が人手不足らしく、段々シフトについての希望が受け入れてもらえなくなってきています。授業時間を無視したシフトを入れられることはもちろん、夜勤も強要されるため日中の授業出席にも支障が出てしまっている状態です。シフト通りに出勤しなくてはならないのでしょうか？

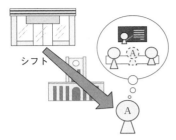

1 シフトは労働契約に基づいて決める必要があること

シフトは、労働者から使用者に対して労働力を提供する曜日・時間帯（勤務日時）の内容を定めるものですので、労働者と使用者との間の労働条件の取り決め（労働契約）に基づいて決める必要があります。仮に平日は基本的に連日勤務するという約束になっていれば別段、労働契約書や就業規則などにおいて週何日、何曜日だけの勤務というように勤務日時についての限定がなされているようであれば、それ以外の勤務日時について使用者が一方的にシフトを入れることは原則としてできません。

2 シフトを協議する場合でも契約内容に反することはできない

他方で、上記のように勤務日時について限定的な定めがなく、シフトについては単に「協議して定める」といった内容で労働条件が定められている場合もあると思います。当然、この場合には「協議をして」定める必要がありますので、使用者が一方的にシフトを決めた

としても、拒否をする権利が労働者にはあることになります。一方的に決められたシフトに従う必要もありません。

DIRECTIONS　以上のように、無理なシフトを組まれないためには、そもそもアルバイトを始めるとき（労働契約を締結するとき）に、学業の都合等（授業の時間や定期試験の日程、その他の用事やサークル活動など）に配慮をして労働日時を調整してシフトを組んでくれるアルバイト先であるかどうかを確認することが重要になります。連日の勤務が前提となった業務内容であり、事前にその内容を伝えられていたとすれば、労働者からそれを反故にすることは契約上難しいと考えられます。

　まずはアルバイトの都合にも配慮してくれるかどうかを採用時に事前に相談し、その前提でも雇用をしてもらえることを確認してから働き始めることが一番の予防策です。その際、できる限り、雇用契約書等の書面に勤務日時の条件について明確に記載してもらえるようにお願いをすると、よりトラブルを防止することができると考えられますが、アルバイト先が書面の交付を嫌がったりするときには、メール等のやり取りを残しておくといったことだけでも是非やっておきましょう。労働契約書が書面で交付されず、採用時の労働条件の説明が、電話や口頭でのやり取りだけである場合には、より証拠を残しておく必要がありますので、説明の内容を録音しておくことも有用です。

　このような事前の説明、合意にも関わらず、希望しない形でシフトが組まれてしまった場合は、従う義務はないということになります。労働契約の内容に反することを明確に伝え、指示されたシフトには入ることができないことを明確に伝えましょう。

　それでも強要がなされるという場合には、労働基準監督署に相談に行きアルバイト先に指導をしてもらう、弁護士等の専門家に相談をするといったことも検討してみて下さい。

（弁護士　太田和範）

69
販売ノルマを強要されたら？

〔設例〕A君は、年末にケーキ販売のアルバイトをやることにしました。ところが、条件を詳しく聞くと、バイト先がケーキの販売ノルマを設定しており、ノルマ未達成分のケーキの販売代金を給料から引いて支払うという約束になっているとの説明を受けました。このような条件は認められるのでしょうか？

1 販売ノルマ設定の適法性

まず販売ノルマ設定の適法性についてですが、販売ノルマとは、使用者が事業を行うにあたっての営業目標を定めて、労働者にもその目標を共有し、労働者ごとに目標を設定するという行為に過ぎませんので、基本的に何らの違法性もない行為になります（もちろん、社会通念上あまりにも過度・過剰な目標設定をしてノルマを課すことは、それ自体が違法性を帯び、パワハラと評価される可能性はあります）。

したがって、販売ノルマにおいて基本的に問題となるのは、設定の場面ではなく、ノルマ未達成の場面ということになります。

2 ノルマ未達成に対するペナルティーについて

まず、課されたノルマが未達成だった場合に、その事実を、使用者が労働者の人事考課上の考慮要素とすることは、それが合理的な内容・判断である限りにおいては何ら問題とはなりません。問題はノルマ未達成について、罰金等の罰則を課す場合、特に労働者から何らかの金銭を使用者が徴収しようとする場合です。

まず、労働基準法は「使用者は、労働契約の不履行について違約金を定め、又は損害賠償額を予定する契約をしてはならない。」と定め

ており（労基16条）、仕事上のミスに関して、罰金額や弁償額を予め定めておいたとしても、それは無効となります。したがって、ノルマ未達成の場合に、何らかの罰金を課すことは基本的に認められません。

　また、同法は、使用者が労働者に対して支払う賃金については、その全額を支払わなければならないとも定めており（労基24条1項）、原則として労働契約上定められた賃金のその全額を支払わなければならないとしています（賃金全額払の原則）。よって、何らかの罰金を課し、給与から天引きをして支払うこともまた違法となります。仮に罰金の天引きが行われた場合には、天引きされた金額について、使用者に対して支払いの請求をすることができることになります。

　他方で、給与は全額支給するがノルマ未達成分の商品を買い取ることを要請し、結果として商品代金全額を徴収しようとするといった事例も多くみられます（いわゆる「自爆営業」もこの一種です）。もちろん、このような使用者側の要請に応じる義務は労働者においてありませんので、きっぱりと断ることが重要です。この際に、使用者が勝手に商品購入代金として処理をしたとしても、上述の罰金天引きの場面と同様に違法となり、差額の賃金を請求することができます。

DIRECTIONS　以上のように、販売ノルマの設定自体には違法性はありませんが、販売ノルマの設定から給与支払い時のトラブルが発生することはそれなりに想定がされる事態でもあります。アルバイト先におけるノルマの設定の有無や、使用者におけるノルマに対する対応、ルールについてもよく確認をしたうえで、アルバイト先を選択しましょう。仮にノルマの未達成について使用者から何かの要請を受けた場合には、それをきっぱりと断ることが重要です。対応に悩んだら労働基準監督署や弁護士に相談に行きましょう。

（弁護士　太田和範）

70

アルバイト先から罰金の支払いを求められたら？

〔設例〕A君は、飲食店でアルバイトをしていますが、このアルバイト先では、食器等の備品を破損してしまうとその分の弁償代ということで給料の支払い時に天引きがされています。また、会計を締めるときに、

レジの現金の端数が合わなかったりすると、レジを担当していたアルバイトが支払って清算をしなければならない慣行になっています。このようなことは許されるのでしょうか？

1 使用者から労働者への損害賠償請求

確かに、労働者が労働契約上発生する義務に違反し、使用者に何らかの損害を与えてしまった場合には、その損害を賠償する責任が生じます（民415条又は709条）。

他方で、 72 で述べるように、労働者の過失で何らかの損害が生じた場合であっても、その損害は使用者と労働者で公平に分担をするべきであるという考え方が裁判実務上適用されています（責任制限法理）。これは第三者に対して損害を生じさせた場合だけではなく、労働契約上の義務違反（債務不履行責任）で使用者に対して直接損害を生じさせた場合にも適用されると考えられています。したがって、労働者に業務遂行上の「重大な」過失までは認められない場合には、使用者からの損害賠償は認められませんし、仮に請求が認められるような場合であっても、損害額の全てを労働者のみが負担するということには基本的にはなりません。

2 天引き、罰金の設定が認められないこと

このように、そもそも使用者から労働者に対する損害賠償請求が認められる場面は制限されていますが、仮に損害を賠償する責任が認められるとしても、その支払い方法については、また注意が必要です。まず、**69**でも取り上げましたが、いわゆる賃金全額払いの原則が労働基準法において定められており（労基24条1項）、原則として罰金を名目とした天引きは認められません。また、同原則に基づき、会社が労働者に対して有する損害賠償債権と労働者に対して負っている賃金債権を相殺することも認められないと解されています。

次に、罰金に関しては、「使用者は、労働契約の不履行について違約金を定め、又は損害賠償額を予定する契約をしてはならない。」と定められており（労基16条）、そもそも仕事上のミスに関して、罰金額や弁償額を予め定めておいたとしても、それは無効となります。

DIRECTIONS　以上のように、使用者から損害賠償・罰金の支払いを求められたとしても、そもそもそれを支払う義務が存在しない場合が多いと考えられます。安易に支払いに応じないようにしましょう。仮に、勝手に給与から天引きをされた場合には、差額について支払い請求をすることができます。

なお、損害賠償や罰金の支払いとは別に、給与を減額するといった処分をされる可能性もあります。これは労働契約内容の変更に当たり、そもそも使用者が一方的に行うことができません。また、仮に適正な手続きに則り、懲戒処分として減給を行う場合であっても（労契15条）、減給額は一回の懲戒について「一回の額が平均賃金の一日分の半額を超え、総額が一賃金支払期における賃金の総額の十分の一を超えてはならない」と定められています（労基91条）。罰則として減給がなされるという場合においても、安易にそれを受け入れずに弁護士等の専門家へ相談に行って下さい。

（弁護士　太田和範）

71

アルバイト中にケガをした。治療費は誰の負担？

〔設例〕A君は、飲食店でアルバイトをしていますが、アルバイト中に包丁で手を切ってしまいました。店長からは「病院に行ってきて」とだけ言われましたが、治療費は自分で出さないといけないのでしょうか？

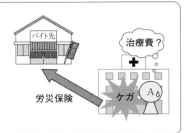

1 労災保険とは

労災保険とは、労働者災害補償保険の略称で、業務上の事由又は通勤による労働者の負傷、死亡等に対して、国が事業者に代わって、必要な保険給付等を行うことを目的とする制度です（労災1条）。労災保険は、基本的に、労働者を1人でも雇用している事業について適用される制度ですので、労働者は雇用をされている以上必ず利用をすることができ、アルバイトであってもそれは同じです。

労災保険の適用を受けることができれば、治療費（療養補償給付）だけでなく、ケガのために賃金を受け取れなかったことに対する給付（休業補償給付）も受け取ることができます。

2 労災保険の要件

労災保険の適用を受け、各種の給付を受けるためには、その負傷等が「業務災害」に該当する必要があります。「業務災害」とは、労働者の業務上の負傷、疾病、障害又は死亡（労災7条1項1号）と定義されていますが、実務解釈においては、「業務遂行性」と「業務起因性」の2つの要件が認められるかどうかで判断をされています。

「業務遂行性」とは、大まかにいえば、事業主の支配下・管理下において起きた事故であるかということになりますが、事業所内で休憩

をしているときや、出張をしているときなども認められるなど、それなりに緩やかに認められています。

次に「業務起因性」については、労働者が従事している業務に起因して起きた事故であるかどうかという要件であり、基本的には「業務遂行性」が認められれば認められることになりますが、労働者同士のケンカや飲酒をして起きた事故などは認められないことになります。

DIRECTIONS 労働災害に該当するような事故等によりケガ等を負った場合には、病院で治療を受ける際に健康保険を利用せずに治療を受け、治療費については自分で立て替えて支払い、後から労災給付を受けることになります（健康保険を利用した場合でも、後から手続きをすることは可能です）。労災の手続きについては使用者に行ってもらうことになりますが、使用者が対応をしてくれないような場合には、自分で診療記録や領収書等を保存し、労働基準監督署で手続きをすることになります。先ほど述べた通り、使用者は必ず労災保険制度へ加入をしなければなりませんので、使用者から「労災保険に加入していない」「労災保険料を支払っていない」と言われたような場合であっても、労働者は労災保険の適用を受けることができます。使用者に言われるがまま、諦めて自己負担にしないように気をつけましょう。

なお、使用者には、労働者が労務を提供する場所、設備、器具などに関し、労働者の生命・身体を危険から保護するように配慮する義務（安全配慮義務）があると考えられています。労災事故が発生し、労災保険に基づく給付を受けた場合であっても、使用者に安全配慮義務違反が認められる場合には、使用者に対し、安全配慮義務違反に基づく損害賠償請求を行うことも法的には可能です。ただし、その場合には、労災給付のうち治療費などすでに支払われた保険給付については、損害賠償から控除されることになります。　　（弁護士　太田和範）

72

アルバイト中にお客さんにケガをさせてしまったら？

〔設例〕A 君は、引っ越しのアルバイトをしていたところ、作業中に不注意でお客さんにぶつかりケガをさせてしまいました。幸いケガはそれほどひどくはなく、アルバイト先が治療費等は支払って解決しました。ところが、その後、アルバイト先から

相手方に支払ったお金については立て替えただけだ、これからアルバイト代から天引きをして全額支払ってもらうと言われてしまいました。

1 第三者に対する損害賠償責任

労働者の行為が第三者に対する不法行為（民709条）に該当するときは、労働者は第三者に生じた損害について賠償をする責任を負います。また、労働者の行為について使用者は使用者責任を負いますので（民715条1項）、使用者が第三者に対して損害の賠償をした場合には、その全額又は一部について求償権の行使が認められます（同条3項）。そうすると、労働者の過失によって引き起こされた事故については、労働者がその全ての責任を負うように思えてしまいますが、実際には以下のように一定の制限があります。

2 責任制限法理

使用者は労働者の行為によって業務上の利益を受けていること、労働者の行為は労働関係に基づき使用者の指揮命令によって行われていること、労働者が職務に従事する中でミスをしてしまうことは使用者において織り込み済みであるはずであることを考慮し、労働者の過失で第三者に損害を与えた場合であっても、その損害は使用者と労働者で公平に分担をするべきである

という観点から、信義則（民1条2項）に基づき、使用者から労働者に対する損害賠償請求及び求償権の行使についてはその範囲を限定的に捉えるべきであると裁判実務では考えられています。これを「責任制限法理」と呼んでいます。

責任制限法理が適用される結果、労働者に業務遂行上の過失があったとしても、「重大な」過失までは認められない場合には、使用者からの損害賠償や求償請求は認められないことになります。

また、仮に請求が認められるような場合であっても、損害額を労働者と使用者で折半をして負担するという考え方を適用することになります。その場合には、①労働者の帰責性②労働者の地位・職務内容・労働条件③損害発生に対する使用者の寄与度といった要素が、負担割合の判断基準となります。裁判実務では、全体の損害額の4分の1〜2分の1程度まで、労働者の責任は軽減されています。

ただし、労働者の行為が極めて悪質である場合や、犯罪行為等が原因である場合などには、責任制限法理は適用されないと考えられていますので、この点は注意が必要です。

DIRECTIONS 以上のように、第三者に対して損害を生じさせてしまった場合であっても、労働者自身が重大な責任を負うことは極めてまれだと考えられます。設例のような事例では、会社が損害額の全額を負担することが妥当であると思われます。実際にアルバイト先から過度の責任を負わされそうになった場合には、弁護士等の専門家に相談をして下さい。

なお、仮に損害の一部を労働者が負担する場合であっても、賃金全額払いの原則に反するため、使用者は一方的に損害賠償債権と賃金を相殺（天引き）することはできません。損害賠償金を負担する場合でも、支払い方法については、なお注意をする必要があります。

（弁護士　太田和範）

73
未成年にタバコを販売してしまったら？

〔設例〕大学3年生のA君（21歳）は、自宅付近のコンビニでアルバイトをしています。ある日、警察官がA君を訪ね、「少女にタバコを販売したことが確認されたので、未成年者喫煙禁止法違反の被疑事実に基づいて取調べさせてほしい」と告げました。A君は、全く身に覚えがありませんが、警察官は、あどけない少女Bさん（15歳）の正面写真を示し、「君がこの少女Bさんにタバコを売ったことは確認済みだ」などと、聞く耳を持ってくれません。A君は、どうしたらよいでしょうか。

1　未成年者へのタバコの販売

未成年者喫煙禁止法は、未成年者の喫煙を禁じるだけではなく、未成年者へのタバコ、喫煙器具の販売も禁じており、客が未成年者であることを認識した上で、タバコの販売をした場合は、50万円以下の罰金刑が予定されています（未成年者喫煙禁止法第5条）。

したがって、仮にA君が、Bさんが未成年であると認識した上で、Bさんにタバコを販売したのであれば、A君は未成年者喫煙禁止法違反で処罰されてもやむをえません。

2　未成年者であることの認識

A君が未成年者喫煙禁止法違反の罪で有罪とされるためには、A君がBさんの年齢について、未成年であることを認識していたことが必要不可欠です。

したがって、A君が、Bさんの年齢について未成年であるという認

識がなかった場合には、警察官や検察官の取調べに際して、その事実をしっかりと強調すべきです。特に、タバコをコンビニで購入しようとする未成年者は、大人びた服を着用し、顔も店員に向けないようにしていると思われます。その上、コンビニによっては、少ない従業員で多くの客に対応しなければならず、タバコを購入しようとする客の年齢を見定めている時間的余裕はありません。また、年齢に比して非常に大人びた風貌の少年も少なくありません。近年、コンビニのレジには、酒やタバコのバーコードが読み取られると、自動的に「あなたは、20歳以上ですか」などの文章が、レジに設置されたパネルに表示されます。そのような少年が、自信をもって「はい（Yes）」のボタンをタッチした場合、疑念を持つことなく、販売してしまう店員も多いのではないかと思います。

DIRECTIONS 　A君が、警察官の言うなりに、罪を認めてしまうと、50万円以下の罰金が科されるほか、有罪前科がついてしまうことになります。コンビニに限らず、酒類やタバコを販売する接客業に就く場合には、常にこのようなリスクがあることを認識し、客が未成年である疑いを持った場合には、遠慮せずに、身分証の提示を求めるべきです。

　A君の場合は、既に警察の捜査が開始されています。警察官や検察官の取調べに対して、A君のみの判断で応じることは危険です。防犯カメラの映像などの客観的証拠や、同僚の証言によって、争うことができるかもしれませんので、まずは、弁護士に相談し、今後の対応について助言を受けるべきです。

（弁護士　白木敦士）

74

アルバイトを辞めさせてもらえない！

〔設例〕Ａさんは、飲食店でアルバイトを始めました。ホールでの接客の仕事という募集だったので興味を持って応募をし、採用をしてもらったのですが、仕事が始まってみたら、一日中キッチンで皿洗いをさせられています。店長からは「人手が足りないから仕方ない。」と言われるだけで何の説明もなく、耐えられないので、アルバイトを辞めたいと考えています。

1　アルバイトを辞める方法

アルバイトを辞めるとは、法的には、使用者との労働契約を終了するということになります。その方法ですが、まず、労働者からアルバイト先に「仕事を辞めたい」と申し出て、使用者が「はい、いいですよ」と言えば、労働契約は終了をすることになります（合意解約）。

他方で、このように円満には済みそうにない場合には、労働者から一方的に退職の意思を伝えて仕事を辞めることになりますが（労働契約の解除）、その方法は、その労働契約が「期間の定めのない契約」か「期間の定めのある契約」かで異なってきます。

2　期間の定めのない契約の場合

労働契約が、期間の定めのない契約である場合（雇用された日から何ヶ月や何年といった期間が契約上定められていない場合）には、労働者は、退職の理由を問わず、いつでも退職の申し入れから２週間後には労働契約を解除することができます（民627条1項）。

3 期間の定めのある契約の場合　他方で、労働契約が、期間の定めのある契約である場合（雇用期間が契約上定められている場合）には、このように簡単ではありません。期間が定めてある以上、契約上の期間の満了日までは、原則として働かなくてはならないということになります（その代わり契約更新の合意をしなければ、期間満了と同時に自動的に労働契約は終了します。）。

　他方で、期間の定めのある契約である場合であっても、退職をする「やむを得ない事由」が存在する場合には、労働契約の解除をすることができます（民628条）。この「やむを得ない事由」についてですが、労働条件が法律に違反している場合や、パワハラやセクハラが頻発しているなど労働環境が著しく劣悪な場合も認められると考えられます。また、設例のように、労働条件が、雇用時と異なる場合にも、即時に労働契約を解除することができます（労基15条2項）。

DIRECTIONS　実際にアルバイトを辞めるためには、まずは雇用契約書等で期間の定めがある契約かどうかを調べましょう。期間の定めがなければ、先に述べたように理由は問われずに2週間で辞めることができます。期間の定めがある場合には、「やむを得ない事由」があるかどうかが問題となりますが、設例のように、採用時と労働条件が異なるといった事情があれば、問題なく認められます。

　なお、退職を申し入れた際に、「新人採用に必要な費用を請求する」「代わりのバイトを見つけてこない限り辞めさせない」「訴える」といったこと使用者が告げてくる場合がありますが、「やむを得ない事由」がある以上、基本的にはこれらの主張は法的な根拠を持たない要求になりますので、萎縮をして退職を思いとどまる必要はありません。

　また、勝手に来なくなった、退職なんて聞いてないといった言い掛かりをつけられないためにも、退職を伝える際には、書面など記録に残るような方法で行うことが望ましいです。　　　（弁護士　太田和範）

75

アルバイトを急にクビになったら？

〔設例〕A君は、飲食店でアルバイトをしています。あるとき店長から「明日から来なくていい」と急に言われてしまいました。理由を店長に聞いてみても、「俺がお前と働きたくないからだ」としか言わず、納得のいくような説明はありませんでした。
A君はアルバイトなので何も言うことはできないのでしょうか？

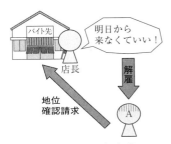

1 アルバイトに対する解雇の手続き

アルバイトであっても、使用者と労働契約を締結した労働者であり、労働法規制の適用を受けます。そして、労働契約法は、使用者が労働者を解雇するためには「客観的に合理的な理由」と「社会通念上の相当性」が必要であると定めており（労契16条）、当該要件を満たさない解雇は違法となり無効となります。また、解雇手続きとしても、解雇予告又は解雇手当の支払いを義務付けており（労基20条）、突然労働者をクビにすることは原則としてできません。

2 違法な解雇への対応（地位確認請求）

先に述べた通り、使用者の行った解雇に、「客観的に合理的な理由」と「社会通念上の相当性」が認められない場合には、当該解雇は違法無効となります。これらの事由は、著しい勤務成績の不良や非違行為、犯罪行為などの存在がない限りは基本的には認められないと考えられています。このような事由がない限り、解雇は違法なものとなり解雇自体が無効になります。そのため、労働者としては、解雇がなかったものとして、引き続き働き続けることを請求することができますし、合わせて使用者

の責任で働くことのできなかった期間についての賃金の支払いを求めることができます（民536条2項）。

3 解雇予告義務

また、仮に、使用者の主張する解雇事由に「客観的に合理的な理由」と「社会通念上の相当性」が認められる場合であっても、使用者は解雇の30日前までにその旨の予告を労働者に対してしなくてはなりません（労基20条）。そして、仮に、予告期間を設けずに解雇をした場合には、解雇予告手当を請求することができることになります。

ここで注意が必要な点ですが、解雇予告手当の請求をするということは、解雇の有効性を前提とし、解雇を認めた上での行動だと見なされてしまう可能性があります。そのため、そもそも解雇の違法性を争いアルバイト先に復帰することを考えている場合には、安易に解雇予告手当の請求を行わないように、慎重に対応をする必要があります。

DIRECTIONS

アルバイトをクビになったら、まずクビになった事実とその理由を確認することが先決です。基本的に使用者に対して確認をすることになりますが、解雇理由を記載した解雇証明書（労基22条1項）の交付を求めることが望ましいと考えられます。

使用者の主張する解雇理由を確認したら、その理由に「客観的に合理的な理由」と「社会通念上の相当性」が認められるかどうかを判断することになります。設例のような「気に入らない」といった理由が、解雇理由として認められないであろうことは明らかですが、実際には専門的な判断を求められる場合が多いと考えられますので、できる限り弁護士等専門家に相談に行くことをお勧めいたします。

その上で、解雇の違法性を主張して復職を求めるか、解雇予告手当等の金銭の請求を行うかを判断することになりますが、先ほど述べたようにこの点についても難しい判断を迫られることになりますので、できる限り専門家に相談して対応をして下さい。　（弁護士　太田和範）

76

アルバイトでも税金を払わなくてはいけないの？

〔設例〕Bさんは、目標がありお金を貯める必要があるため、アルバイトにかなりの時間を使っています。ところが、親からはアルバイトで稼ぎすぎると税金が掛かるし、親にも迷惑が掛かるからほどほどにしてくれと言われてしまいました。アルバイトなのに税金を支払ったりする必要があるのでしょうか？

1 アルバイトで得た収入にも税金は掛かります

所得を得ると所得税を納める義務が生じます。当然、労働の対価として給料（賃金）を得た場合にも、所得税を支払う必要があります。このことは正社員であろうとアルバイトであろうと同じです。他方で、納税額を計算するときに一定の金額を控除するという制度も存在しており、収入が一定額以下の場合には税金を支払わなくても良い場合があります。

まず、基礎控除というものがあります（所税86条）。基礎控除の適用には特に要件はなく、税金の計算上一律に適用されるものです。基礎控除の額は38万円と定められています（平成30年1月時点）。

次に、給与所得控除というものがあります（所税28条）。これは給与所得について、収入金額に応じて一定の金額の控除を認めるという制度になります。アルバイトの場合、使用者から給与をもらう形態のことが多いと考えられますので、アルバイトで働いた給与についてはこの給与所得控除の適用を受けることができます。給与所得控除の金額は収入金額が少ない場合でも65万円と定められています（同上時点）。

基礎控除と給与所得控除を合わせて考えると控除額の合計は38万円

＋65万円＝103万円となり、年間103万円以下の収入であれば、基本的に所得税は納めなくて良いということになります。そして、逆にこの金額を超えると納税の必要が出てくることになります（なお、さらに「勤労学生控除」という制度もありますが、この制度の適用をうけるためにはいくつかの条件があります。所税82条参照）。

2 親の「扶養から外れる」ということの意味

収入が多くなることのデメリットは税金の支払い義務が生じることだけではありません。学生の場合、いわゆる親の「扶養から外れる」といった事態が生じます。日本では扶養親族が存在する者は、一定額の所得控除を受けられることになっています（「扶養控除」所税84条）。学生の場合、親の扶養親族になっている場合が多く、収入のある親は扶養控除分の税法上のメリットを受けていることになります。ところが、「扶養親族」であるためには年間の所得金額が38万円以下（給与収入のみの場合は年間103万円以下）であることが要件として求められており、収入額がこれを上回ることによって「扶養親族」ではなくなってしまいます。こうなると扶養控除の適用が無くなり、親の納税額が増加するということになるのです。

また、扶養から外れることに関しては、健康保険についても影響が生じます。一般的に健康保険についても、親の被扶養者として加入している学生が多いと思われますが、年間の収入額が130万円を超えてしまうと、親の被扶養者ではなくなってしまい、自分で国民健康保険に加入し、健康保険料を支払わなくてはならなくなります。

DIRECTIONS

このように、アルバイトで稼ぎすぎてしまうと、様々な弊害が生じる可能性があります。年間の収入額が上記の金額を超えないように常に注意をして働くことが望ましいと考えられます。アルバイトの掛け持ちをしている場合などは特に注意しましょう。

（弁護士　太田和範）

77

タレント・モデル契約のトラブル

〔設例〕Aさんは芸能事務所のオーディションを受けたところ、見事に合格し、晴れてその芸能事務所と専属契約を結ぶことができました。すると、デビューのためにはダンスやボイストレーニングの養成スクールに通ってもらうと言われ、芸能事務所からスクールを紹介されましたが、入学金と2か月分の月謝として約100万円の請求書が送られてきました。

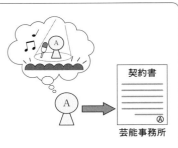

1 タレントやモデルの契約に関するトラブルが増えている

タレントやモデルのオーディションに合格したり、街中でスカウトされたりすれば、華やかな芸能界に憧れている方はもちろんのこと、そうでない方でもついつい舞い上がってしまい、冷静な判断能力を失ってしまいがちです。

上記の設例も、実際に被害に遭った方から独立行政法人国民生活センター等に寄せられた相談をアレンジしたものです。2007年から2017年6月までの間に、全国の消費者センター等に寄せられたタレント・モデル契約に関する相談は8,004件にも及びます。その中でも半数以上は20代であり、未成年者を含めると7割にも達します（平成29年7月28日政府広報オンライン）。

2 事務所と「契約する」ということ

契約というのは、契約当事者がお互いに義務を課し、縛り合うものです。ついつい雑誌やテレビに出てギャラを貰えるといった「権利」の面にばかり目が行きがちですが、事務所の指示に従わなければならない、契約違反が

172　UNIT Ⅱ　アルバイト・就職活動──STAGE 1　アルバイトでのトラブル

あった場合には違約金を支払わなければならないといった「義務」にも目を向けて下さい。

したがって、芸能事務所との契約に限らず、一般に契約を交わす際には、契約書を隅から隅まで熟読し、疑問点などを全て解消した上で、署名捺印をしなくてはならないのです。少なくとも、契約書を渡されたその場で署名押印をするなど、もっての外です。

3 契約書をよく読まずに契約してしまった場合 契約の重要部分について説明がなかったり、契約書に署名捺印するまで事務所から帰してもらえなかったりといったケースでは、契約の無効を主張したり、契約を取り消したりできることがあります。

また、エステティックサロンや語学教室などについては、「特定継続的役務提供」として、一定の条件を満たせば、「クーリング・オフ」制度の対象になり、法定書面を受け取った日から8日間の期間内であれば、契約を解除して、支払った入学金や月謝等の返金を受けられる場合があります（ **6** 、 **7** 参照）。

DIRECTIONS 養成スクールの費用がどのくらいかかるのか、事務所は芸能活動について何をサポートしてくれるのか、報酬はどういう条件のもとでいくら貰えるのかなどについて事務所から細かな説明を受けた上で、いったん持ち帰って検討させてほしいと伝えるべきです。くれぐれもその場で契約してしまうことは避けて下さい。事務所側が本気なら、いくらでも待ってくれるはずです。

（弁護士　山縣敦彦）

78

アダルトビデオへの出演を強要されたら？

〔設例〕大学2年生のAさん（20歳）は、モデルの仕事にスカウトされ、B芸能事務所との契約を締結しました。ところがある日、B芸能事務所の担当者Cから、「成人向けビデオに出演してほしい」と告げられてしまいます。Aさんは断りましたが、Cは、「契約書にも書いてあるし、もし断れば高額な違約金が発生する。Aさんのご両親にも経緯を告げる。」などと言って、Aさんに聞く耳を持ってくれません。Aさんは、Cに従い、アダルトビデオに出演する他ないのでしょうか。

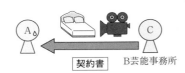

1 Aさんは契約に従う義務はあるのか

アダルトビデオ（AV）に出演予定であった女性が、出演を拒否したという事案において、プロダクション会社が、女性側に、2460万円の損害賠償請求を求めて、東京地方裁判所に提訴した事案がありました。裁判所は、事案を分析した上で、AVの出演契約を雇用類似の契約関係であると認定し、期限の定めのある雇用契約に基づく解除（民628条）を認めて、プロダクション会社の請求を棄却しました。この裁判では、女性側は、出演契約自体が無効であるという主張も行ったのですが、裁判所は、出演契約自体の有効性については、何ら言及しませんでした。

AVへの出演契約の有効性については、裁判例上も未だ判断が蓄積しているとはいえない状況にあります。しかし、一度AVに出演してしまうと、次のような取返しがつかない不利益を被ることになってしまいます。

2 AV出演に伴う重大な不利益

特定非営利活動法人ヒューマンライツ・ナウが、平成28年3月に公表した報告書において、多くの深刻な被害事例が掲載されています（http://hrn.or.jp/wpHN/wp-content/uploads/2016/03/c5389134140c669e3ff6ec9004e4933a.pdf）。その中では、出演者との間で、著作権を永久に放棄する条項が含まれていることが多いと指摘されています。このような条項の有効性については議論がありますが、AVに出演してしまうと、たとえ出演者の意に沿わない形であっても、映像が頒布されていくことになります。

また、自らの性行為を撮影した動画が、半永久的にインターネット上に残ることで、家族や友人からの特定を恐れて生活したり、度重なる出演によりPTSD症状を発症してしまったりと、深刻な被害が指摘されています。

仮に意に反する出演強要の結果として、AVに出演することになったとしても、今後AVの削除を法的に求めることは、極めて大きな困難が伴います。インターネット上で拡散していった場合には、動画の削除は現実的にも不可能となります。

DIRECTIONS 一度AVに出演してしまうと、取り返しがつかない事態になります。出演を望んでいないのであれば、Aさんはどのような状況であれ、断固として出演を拒否するべきです。Aさんを取り巻く状況は逼迫しており、Aさん一人で対処できる問題ではありません。Aさんは、アダルトビデオ出演被害に取り組んでいる弁護士やNPO等の専門家に、助言を求めることが大切です。

（弁護士　白木敦士）

79
学費が足りず、風俗店での勤務を考えています

〔設例〕大学３年生のＡさん（21歳）の父親は、勤務先の会社を解雇されてしまいました。Ａさんは、春学期の学費60万円を大学に支払わなければなりませんが、父親に頼ることはできません。そのような中、Ａさんは「高額バイト募集中！女性限定！一か月で最低60万円は稼げる！」という、性風俗店Ｂのチラシを目にしました。大学に通えなくなることを避けたいと考えたＡさんは、性風俗店Ｂで働くべきか迷っています。

1　性風俗店における勤務と売春防止法違反

対価を受けて不特定多数の者と性交することは、売春防止法第２条の「売春」に該当します。売春防止法第３条は、「何人も売春をし、又はその相手方となってはならない」と規定し、売春を禁じています。

しかしながら、この法律には、売春行為を行う女性、その相手方となった男性については、罰則がありません（売春をあっせんする者等については、罰則があります。）。

したがって、性風俗店で働くこと、性風俗店を利用することのみで、売春防止法によって処罰されるということはありません。

2　性風俗店で勤務することの問題点

しかしながら、性風俗で勤務することは、深刻なリスクを生じます。性交渉を通じたHIV、性病等への感染は、一般的に指摘されていることです。また、性風俗店の利用者による暴行被害、ストーカー被害に晒される危険性もあります。さらには、接客中に盗撮されるなどし、

身元が特定されてしまうリスクもあります。また、風俗店の経営には暴力団が関与していることもあるといわれています。このように、性風俗で勤務することは多くのリスクを伴うものであることを認識する必要があります。身体的、精神的な健康を犠牲にし、様々な社会的リスクを負う可能性がある性風俗店における勤務は、決して「割に合う高額バイト」などではないのです。

3 まずは大学の奨学課に相談を

家計支持者が失職、死亡したなどの場合、日本学生支援機構の緊急採用の奨学金を利用することが可能です。また、日本政策金融公庫や民間の金融機関が実施している教育ローンへの申込みを検討することも有用です。このような情報は、通常、大学の奨学課が一括して把握していることが多いと思います。まずは、奨学課に相談されることをお勧めします。

（弁護士　白木敦士）

80

振り込め詐欺グループの片棒を担いでしまった？

〔設例〕A 君が、バイト仲間の B 君と話をしていたところ、荷物を 1 個受け取るだけで 3 万円をもらえる新しいアルバイトがあるといわれました。人手不足なので、ぜひ手伝ってほしいと言われたのですが、何をやっているのかと聞くと、「オーエス」としか教えてもらえませんでした。A 君は、日当が高いので怪しいとは思っていますが、割の良いアルバイトなのでやってみようかなと考えているようです。A 君はこのアルバイトをしてよいのでしょうか。

1 振り込め詐欺とは

設例の A 君が誘われたアルバイトは、振り込め詐欺（特殊詐欺）の受け子である可能性が高いので、決して行ってはいけません。B 君が述べた「オーエス」は、「オレオレ（Oreore）詐欺（Sagi）」の頭文字を取った特殊詐欺の隠語である可能性が高いからです。

「振り込め詐欺」（特殊詐欺）とは、主に電話で対象に接触し、親族や公共機関、金融商品取引を行う企業などを装って現金等を騙し取ることをいいます。

これらの詐欺の被害者は高齢者が多数です。ただし、投資詐欺や還付金詐欺といった形で若い世代が狙われることもあるため、注意が必要です。

2 加害者にならないために

近年では特殊詐欺に対する国家的な対策が進んでいます。例えば(1)口座開設の際、本人確認を厳格化(2)犯罪に使用された口座を警察の権限で凍結

できる⑶事件が起きたら防犯カメラの画像を公開する等です。

そのため、現在は振込みよりも「手渡し」でお金を回収する方法が好まれるようになりました。被害者からお金を受け取る役のことを一般に「受け子」といいます。主犯がリスクを避けるため、受け子には宅配業者や、設例のようにアルバイトの若者を使います。

受け子は使い捨てで、自分が詐欺に関係することを知らされていない場合が普通ですが、⑴高額の日当を貰っていた⑵被害金を受け取るときに偽名を使った⑶素性の分からない相手から指示を受けた時点で疑うべき等の理由で「未必の故意」があるとされることがあります。

特殊詐欺の場合は、末端の受け子であっても一発実刑となることが多いので、安易なアルバイト感覚で受け子になってしまうと、一生を棒に振ることになります。

また、銀行口座の売買を行い、売買した口座が犯罪に利用された場合、口座凍結は無論、犯罪収益移転防止法違反や詐欺罪で逮捕されるリスクがあります。

3 凍結に巻き込まれた場合

詐欺に使用された銀行口座が凍結されることは前述しましたが、何らかの理由で無関係の人が巻き込まれ、口座を凍結される事例も発生しています。

口座が凍結された場合、「預金保険機構」(http://furikomesagi.dic.go.jp/) に公告されます。そして、一定期間内に凍結された人から異議がない場合、預金は没収されてしまいます。

詐欺とは関係ないのに口座を凍結されてしまった場合、銀行と凍結解除の交渉をすることになりますが、銀行は交渉に応じないことが多いため、本人では交渉が難しいのが現状です。そのため、弁護士を立てて交渉したほうがよい場合があります。

（弁護士　渥美陽子）

STAGE 2

就職活動でのトラブル

採用面接
プライバシー
オワハラ
内定辞退

81

採用面接でどれだけ我慢しなくちゃいけないの？

〔設例〕Aさんは、大学4年生となり、就職活動をはじめました。ところが、企業における面接では、怒鳴られたり、容姿に関する暴言を言われたりすることもあり、面接における質問の内容も、私生活に関することや、性的なものなど、とても仕事の内容に関係があるとは思えないものばかりのこともありました。内定をもらうために、面接でどれだけ我慢する必要があるのでしょうか。

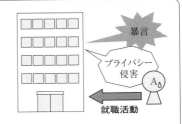

1 採用の自由と採用時の調査の自由

使用者は、契約の自由の原則に基づき、労働契約関係においても採用の自由を有すると解されています。このことは、判例上も確立した法理となっており、三菱樹脂事件判決において、使用者は「経済活動の一環としてする契約締結の自由を有し、自己の営業のために労働者を雇用するにあたり、いかなる者を雇い入れるか、いかなる条件でこれを雇うかについて、法律その他による特別な制限がない限り、原則として自由にこれを決定することができる。」としています。そして、採用の自由に付随するものとして、採用時に応募者の調査をする自由も存在すると解されています。しかし、当然のことですが、採用の自由も調査の自由も全く無制限に許容されているわけではありません。

2 採用の自由と調査の自由の限界

先ほどの判例にも明確に示されていますが、「法律その他による特別の制限」がある場合には、採用の自由は制限されます。具体的には、男女雇用機会均等法に基づく男女差別の禁止や、雇用対策法に基づく年齢制限の禁止などが

あります。

　また、採用時の調査の自由についても、同様に限界があります。採用応募者の人格権やプライバシーなどの侵害にならないこと、応募者の個人情報保護規制を逸脱しないことが求められ、一定の制限が設けられております。具体的には、人種、民族、社会的身分、門地、本籍、出生地、思想及び信条、労働組合の加入状況に関する情報については、収集をしてはならないとされ（職安5条の4及び同法に関する指針）、また、家族、住宅状況、生活環境・家庭環境、支持政党などに関する質問についても、原則として禁止をすることが求められています（厚生労働省「公正な採用選考をめざして」）。

DIRECTIONS　採用面接において、プライバシーの侵害に当たるような質問、人格を不当に侵害するような発言、差別的発言があった場合には、上記法令及び厚生労働省の定める基準に明らかに違反していると考えられます。まずは、厚生労働省に対し当該事実を通報し、行政指導等のしかるべき措置を取ってもらうことが考えられます。

　また、面接における会社側担当者の言動が面接選考・適性判断とは全く関係がなく、人格否定発言や侮辱的発言、性的な発言が繰り返されているなどといった場合には、そのこと自体が不法行為として違法性を有する場合もあると考えられます。そのような場合には、当該担当者及び会社に対して、不法行為に基づく損害賠償請求も可能な場合があると考えられますので、発言の具体的内容をできる限り詳細に記録をし、大学の就職課や弁護士に相談にいくことが適切であると考えられます。

　もちろん面接においてこのような対応が見受けられる企業については、就職先として検討をすることを再考することも当然の選択肢であると思われます。

（弁護士　太田和範）

82
他社を辞退するなら内定を出すと言われたけど？

〔設例〕A君は、大学4年生となり、就職活動をはじめました。ところが、面接に行ったある企業から、「今、この場でうちの会社に決めると約束するなら内定を出す。」「選考中の企業が他にあるなら、今この場で辞退する電話を掛けてもらう。」と言われてしまいました。A君はどのように対応すればいいのでしょうか。

1 オワハラとは

A君が直面した事態は、いわゆる「オワハラ」（就活終われハラスメント）というものです。これは企業側が採用選考過程において内定を出した学生を確実に確保し、内定を辞退させないようにするために行われる行為です。事例のように、他の企業への選考辞退の強要をすることや、他社の内定辞退の強要、他社の選考日に長時間拘束し連絡を取れないようにして他社の選考への参加を事実上妨害するといった行為が実際に行われています。

2 オワハラの違法性

学生が就職活動をする中で、ある企業から内定を受けたとしても、さらに良い労働条件、より自らの志望に適合する企業への就職を求めて就職活動を継続することは法的に何ら問題がある行為ではありません。逆に、学生が就職活動をする自由を不当に制約するような行為は、学生の職業選択の自由（憲22条）を制約するものと考えられます。

オワハラについては、厚生労働省においても、毎年のように警鐘が鳴らされており、就職活動を行う企業側においても確認がなされています（※経団連が出している「採用選考に関する指針」には、「公平・公正な採

用の徹底」として、「学生の自由な就職活動を妨げる行為〔正式内定日前の誓約書要求など〕は一切しない。」と明記してあります)。

このような中で、相対的に立場の弱い学生に対して心理的な圧力を掛ける行為は、それが社会通念上の相当性を著しく欠くような場合には、その行為自体が違法性を帯びる可能性があるといえます。

DIRECTIONS 事例にあるようなオワハラを受けたら、どのように対応することがよいでしょうか。正直に他社の選考を辞退することはできないと告げることが望ましくはありますが、先に述べたように立場の弱い学生が実際にそのように告げることは困難であるとも考えられます。

そうすると、入社を約束し内定を得ながらも、実際には就職活動を続けるという選択肢を取らざるを得ない場面もあると思われます。そのような経緯で内定を得たが、最終的に他の企業への就職を選択し、内定を辞退するという場合に、何か法的に問題は生じ得るでしょうか。

確かに、学生であるとしても、選考過程において企業に対して誠実に対応をするべきではあります。他方で、企業への内定は、 **83** で述べる通り、「解約権留保付労働契約」であると考えられており、内定の辞退も「退職」（民627条）と同様に考えられます。よって、入社の約束をして内定を得たとしても、それを辞退することは「退職の自由」として保障されており、基本的には法的に問題はありません。

実際に、裁判実務でも、内定辞退の申入れが不法行為を構成するには内定辞退の申入れが、著しく信義則上の義務に違反する態様で行われた場合に限ると解されています。したがって、他社への内定が決まった段階ですぐに内定先に報告し、内定の辞退を伝える等、会社に対して誠実に対応をしている限りは、企業側からの損害賠償が認められるといったといったことは法的にありえないと考えられます。

（弁護士　太田和範）

83

内定辞退を求められた。どうすればよい？

〔設例〕A君は、就職活動の結果、内定をもらうことができ安心して大学生活を満喫していたところ、内定先企業から呼び出しを受けて「君のSNSを調べさせてもらった。」「私生活の素行が良くなく、わが社にふさわしくないと考えている。」「内定を辞退してくれないか。」と突然告げられました。A君はどのように対応をすればよいでしょうか。

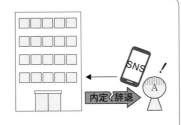

1 内定の法的性質

採用に関する内定については、法律上は明確な規定はありませんが、最高裁判所は「始期付解約権留保付労働契約」であるとしています。つまり、内定とは、内定（一般的には採用内定の通知）により、学生と企業の間に入社予定日を就労の始期とする労働契約が成立しているが、入社予定日までは、企業側において採用内定に関する取消事由が生じた場合に解約をすることができる権利が留保されている契約ということになります。

したがって、採用内定に関する取消事由が発生したかどうかによって、内定の取消ができるかどうかが決まるということになります。

2 内定取消が認められる場合とその限界

一般的に、「内定取消事由」は、内定時に企業から交付される採用内定通知書等に記載がされています。しかしながら、企業から交付される書類に「内定取消事由」が記載されていたとしても、必ずしも法的に内定を取り消すことのできる事由に該当するわけではありません。判例においては、内定の取消は労働契約の一方的解約（解雇）であるとされており、採用内定取消が認められるのは、採用内定当時知ること

ができず、または知ることが期待できない事実であって、これを理由として採用内定を取り消すことが「客観的に合理的と認められ社会通念上相当として是認できる」場合に限られると判断しています。

したがって、企業が一方的に定めた「内定取消事由」に該当をしたとしても、それに基づく内定取消が「客観的に合理的と認められ社会通念上相当として是認できる」かどうかで、内定取消の有効性は判断されることになります。仮に社会通念上相当ではないということであれば、内定取消自体が違法無効になるということになります。

DIRECTIONS 事例にあるように、単にSNS上で私生活での素行不良を疑わせるような投稿があったというだけでは、業務遂行に支障を生じさせるような事由の存在が認められるとは言えないと考えられます。したがって、それに基づき内定を取り消すことは、社会通念上相当性を欠き、内定取消しが有効なものとして認められる可能性は一般的には低いと言えます。内定辞退の求めに対して安易に応じることはせず、また、求められた内定辞退届等に署名をするといったこともしないで、まずは弁護士や大学の就職課などに相談をしましょう。

なお、SNS上での投稿であっても、本当に内定者が重大な犯罪に関与している事実を裏付けるものであれば内定取消事由となる可能性は高くなります。また、単位が足りずに卒業をできなかった場合には、当然に内定の取消は認められると考えられています。

上記の通り、内定は企業と学生との間で結ばれている契約であると考えられます。内定を得た学生の側でも、入社までの時期にはあまり羽目を外しすぎずに学生生活を送ることも重要になります。

（弁護士　太田和範）

UNIT III

授業・サークル活動

STAGE 1

大学・授業でのトラブル

84

刑事罰を受けたら大学を退学になってしまう？

〔設例〕大学生のA君は、アルバイト先の飲食店で一緒に働いていたアルバイトのB君と口論になり、B君を突き飛ばして大怪我をさせてしまいました。A君は被疑事実を全て認めたため、略式起訴となり30万円の罰金刑を受けました。A君は大学院への進学も考えていますが、大学を退学になってしまうようなことはあるのでしょうか。

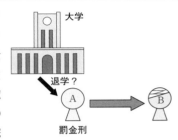

1 設例のA君が犯してしまった罪

設例のA君は、B君を突き飛ばして怪我をさせてしまったので、傷害罪（刑204条）を犯してしまったことになります。傷害罪の法定刑は15年以下の懲役又は50万円以下の罰金とされていますが、検察官はA君が真摯に反省していることやA君に前科がないことなどから、A君の将来を考えて、略式起訴という選択をしたのでしょう。

2 犯罪行為と学則

それでは、A君が通っている大学との関係では、どのような処分が想定されるでしょうか。

大学は、学校教育法施行規則により、学生の修学上必要な事項を「学則」として定めておかなくてはならないとされており、「賞罰に関する事項」もこの学則の中で規定されています。

そして、学生に対する懲戒処分にはどのような種類があり（退学・停学・訓告の3種類が一般的です）、どのような場合に大学が処分を行うことができるかについても、この学則に規定されています。

多くの大学はこの学則をインターネット上で公開しています。

犯罪行為に及んだ学生に対しては、犯罪の性質や犯情にもよりますが、停学以上の厳重な処分が下されることが多いようです。

　また、停学以下の懲戒処分を受けた場合であっても、進級や卒業に影響があることはもちろんのこと、奨学金や授業料免除といった優遇措置が取り消されるといった不利益もあります。大学院への進学の際にも、不利益要素として考慮されることが多いでしょう。

3　学則の拘束力と処分の有効性

　大学に入学した学生は、いわば大学の内部規則である学則に従わなくてはなりません。

　過去に、大学構内で届出をすることなく政治的な署名活動を行い、大学が制止してもこれをやめず、週刊誌等に手記を発表するなどした学生に対する退学処分の有効性が争われた裁判がありますが、結果的に最高裁は、本件退学処分は大学の懲戒裁量権の範囲内であるとして、本件退学処分は有効と判断しました。

　かように、大学の懲戒権と学生の憲法上の人権とが衝突するような場合や大学が学則に定められた懲戒の手続きを遵守していなかった場合には、懲戒処分の有効性が争われる余地がありますが、刑事罰を受けた学生に対し、適式な手続に従って処分が下された場合には、停学相当であるのに退学にしたといった「処分の相当性」を争う以外には困難であるといえます。

DIRECTIONS　大学生である以上、自分が通っている大学の学則に一度は目を通し、気を引き締めて学生生活を満喫して下さい。

（弁護士　山縣敦彦）

85
講義を録音・録画して SNS に投稿していいの？

〔設例〕大学生の A 君は、友人から、来週の B 教授の講義に出席できないので、講義をスマホで録画して見せてほしいと頼まれました。この日の講義には、著名な IT 企業の社長 C がゲストスピーカーとして登壇することになっていたのです。

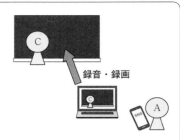
録音・録画

当初、A 君は友人にこの動画を見せただけでしたが、その場にいた他の友人からも、講義の動画を SNS にアップしてほしいと頼まれたため、A 君は講義のレジュメと講義の動画を Facebook にアップしました。これらの A 君の行為は法律上問題ないのでしょうか。

1 講義・講演の著作物性

大学の講義は、その内容を学生の皆さんに十分に理解してもらうために、教員がその表現方法等に創意工夫を凝らして作っているものです。ゲストスピーカーによる講演も同様です。したがって、講義や講演は、「思想又は感情を創作的に表現したもの」（著作 2 条 1 項 1 号）として、原則として「著作物」に該当し、著作権が発生します。

2 著作物を録音・録画することの法的意味

講義や講演は原則として「著作物」にあたりますので、講義や講演の様子をスマートフォンで録音・録画する行為は、著作物のコピーを作り出す行為として、著作権の 1 つである複製権（著作21条）の侵害にあたります。

もっとも、講義に出席した学生が、復習のために講義の様子を録音・録画し、自分で使用するだけであれば、私的使用のための複製

（著作30条1項）として法的には許容される可能性があります。

3 著作物をSNSにアップすることの法的意味

それでは、講義のレジュメや動画をFacebookなどのSNSにアップする行為についてはどうでしょうか。

このような行為は、「公衆によって直接受信されることを目的として無線通信又は有線電気通信の送信にあるものによる送信を行うこと」（著作2条1項7号の2）として、著作権の1つである公衆送信権（著作23条1項）の侵害にあたるため、著作権者である教員やゲストスピーカーの許諾がない限り許されません。

また、録画・録音したデータをSNS上からダウンロードできるような場合、著作権侵害に該当する録画・録音データであることを知りながら、これをダウンロードする行為も禁止されており、これに違反した場合、刑事罰も設けられています（著作30条1項3号、119条3項）。

4 教育機関における複製が例外的に認められる場合

学生が、講義の過程で利用することを目的として、すでに公表されている著作物を複製する行為は、必要と認められる限度において許容されています（著作35条1項）。例えば、学生がゼミの研究発表における参考資料として使うため、論文や雑誌記事のうち必要最小限の部分をコピーして他のゼミ生に配布することは認められます。

しかし、講義や講演の様子をSNSにアップする行為は、講義の過程における利用とはいえませんので、上記例外的に許容される場合にあたりません。

DIRECTIONS 講義を録音・録画してもよいか、また講義の動画やレジュメをSNSにアップしてもよいかについて、事前に教員やゲストスピーカーに確認し、許諾を取ることが必要です。

（弁護士　山縣敦彦）

86

大学の単位認定は裁判で争えるの？

〔設例〕大学法学部に所属するA君は、必修科目「民法総合」の期末試験を受けた結果、F評価（不可）を受けました。単位を得られなかったA君は、「民法総合」を担当するB教授を訴えることができるのでしょうか。

1 単位認定手続とは

単位認定は、学生が当該授業科目を履修し、一定水準の知見を有するに至ったことを確認する教育上の措置であると理解されます。

大学内部で、単位認定に対する不服申立手続が用意されている場合には、かかる手続きを利用することが考えられます。

大学内部の不服申立手続を経ても、単位認定が変更されない場合に、A君は裁判所に訴えて、B教授の判断を是正してもらうことは可能なのでしょうか。

2 裁判所で裁判できる事件とできない事件

裁判所において、裁判官に判断してもらうことが可能な事件は、裁判所法という法律によって定められています。裁判所法第3条1項は、「裁判所は、日本国憲法に特別の定のある場合を除いて一切の法律上の争訟を裁判し、その他法律において特に定める権限を有する。」と規定します。つまり、裁判所が判断できる紛争は、原則として、「法律上の争訟」に限られるのです。

3 単位評価について、裁判で争うことができるか

それでは、単位評価を巡る紛争は、「法律上の争訟」と言えるのでしょうか。この問いを考えるに際しては、最高裁判所の判例が参考になります。

単位認定を巡る議論は、大学という独立した教育機関の内部の出来事です。最高裁判所は、「法律上の争訟」に関し、「単位授与（認定）行為は、他にそれが一般市民法秩序と直接の関係を有するものであることを肯認するに足りる特段の事情のない限り、純然たる大学内部の問題として大学の自主的、自律的な判断に委ねられるべきものであつて、裁判所の司法審査の対象にはならないものと解するのが、相当」であると述べ、一般には、単位授与行為を巡る紛争は、そもそも司法審査の対象にならないこと、つまり、原則として、裁判所が審査することができない問題であることを確認しました。

　したがって、本問の答えとしては、A君がB教授を訴えること自体は可能であるが、訴えたところで裁判所が審理することはできない、という結論になります。（最高裁判所は、当該単位の取得それ自体が一種の資格要件とされる場合〔例えば「民法総合」の履修が、国家試験Xの受験要件になっており、F評価を受けた結果国家試験Xを受験できなかった場合など〕には、単位を巡る紛争も司法審査の対象になり得る旨述べています。しかし、裁判所が審理を行えるといっても単位認定自体は、教員による教育的裁量的な判断になりますから、裁判所が、B教授による単位認定行為が違法と判断する可能性は、一般的に低いと言わざるを得ません。）

DIRECTIONS　上述したように、裁判を通じて単位認定を争うことは難しいといえます。各大学において単位認定に関する不服申立手続が定められている場合には同手続を利用することが現実的です。

（弁護士　白木敦士）

87

研究上のアカハラ・パワハラは？

〔説例〕学生と指導教員との間で次のようなことが起こったらどうしたらよいでしょうか。

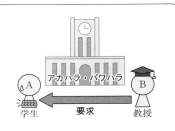

(1) 大学院生Aが研究して完成させた論文につき、Aが発表する前に、指導教授Bが、同一テーマで先に雑誌に掲載してしまった。

(2) 専攻分野がA・B・Cと細分化されかつ特殊性をもっている領域で、A分野専攻の学生がC専攻領域の論文を書きたいと希望したとき、C専攻担当の教員に拒否され、もし書きたいならC専攻に移籍せよと強要された。

(3) 研究者が少ない特殊の専門領域の中の甲テーマについてはB教授が権威であったが、B教授の門下生Aも甲テーマを研究したいと希望したところ、Bから、自分はこのテーマの専門家だから、学生にはそれ以外のテーマでなければ研究させない（そうでなければ博士課程に進学させない）といわれた。

1 アカハラ・パワハラの事案の多様性

アカデミック・ハラスメント／パワー・ハラスメントと包括される事案は多様で、上の例は一例にすぎません。これらの問題が生じる原因ははっきりしており、指導教員と学生との間の身分の上下関係からです。

(1)は、論文の「剽窃(ひょうせつ)」が中心問題です。指導教授Bが、学生Aが執筆した学位論文につき、これを自分の研究の一部として出版した例が有名ですが、公表された学位論文でなくても、指導の段階で学生の研究成果を知り得ますから、剽窃に当たります。学生が研究会などで発表したアイディアの剽窃も、この範囲内の問題です。

(2)は、「パワハラ」の典型です。C専攻に移籍を強要することは、「自由な研究の保障」に反します。特に現代では、学際的な領域での学問の乗り入れが必要であって、そのような学生の意向を否定することは、「指導倫理」に反することです。

(3)もまた、「パワハラ」の問題です。「このテーマでは、自分が権威者だから、他に研究者はいらない」ということですが、研究指導の何たるかを理解していないといわざるを得ません。

2 「剽窃」と「著作権侵害」 ──研究倫理

(1)の「剽窃」は窃盗行為であって、明らかな犯罪行為です。さらに、論文の著作権はA君にありますから、著作権侵害にも当たります。この問題は、研究者一般の倫理問題です。

その犯罪的側面はさし措き、「研究」においては「先行者優先原則」（著作48条）が存在し、B教授が先に公表した後でA君が同一テーマで公表したときは、逆に、A君にB論文の剽窃の疑いがかけられることになります。したがってA君は、勇気を持って研究上のプライオリティを主張しなければなりません。

3 自由な研究の保障 ──指導倫理

(2)・(3)は「パワハラ」ですが、これは、指導教授に固有の「指導倫理」の問題です。指導倫理とは、「指導」教授として学生を受け入れた以上、「学生の意向を十分に汲み、その意向を発展させて自由に研究をさせること」に尽きます。

DIRECTIONS

各大学は、アカハラ・パワハラ問題に積極的に取り組み、「ハラスメント防止委員会」等を設けて、厳格な守秘義務の下に学生や教職員の相談を受け付け、きちんとした対応をとっています。気軽に相談して下さい。

（早稲田大学教授　近江幸治）

88
相手が教授でも、これはセクハラなんじゃないの？

〔設例〕A教授の授業は、私を含めて数人しか女性がいません。講義中、A教授は、講義と関係ない下ネタを言います。多くの男子学生は笑っているんですが、私としてはどう反応していいかわからずに居心地が悪いので、やめてほしいです。下ネタは私をターゲットにして言っているわけではないですが、これってセクハラじゃないんですか？

1 セクハラとは？

文部省におけるセクシャル・ハラスメントの防止等に関する規程（筆者注：国立教育機関向けに出された通知。1999年当時は、内閣再編前であるために文科省ではなく、文部省）2条では、セクハラを以下のように定義しています。

「職員が他の職員、学生等及び関係者を不快にさせる性的な言動並びに学生等及び関係者が職員を不快にさせる性的な言動」

ここでいう「性的な言動」とは、性的な関心や欲求に基づく言動をいい、性別により役割を分担すべきとする意識の言動も含み（沼崎一郎『キャンパス・セクシュアルハラスメント対応ガイド』〔嵯峨野書院、2001年〕）、相手を不快にさせる言動を幅広く網羅する概念です。性的な関心に基づくものであれば、「セクシーだね」等のほめたつもりの表現でも、相手が不快であれば立派なセクハラです。これは、プラスの表現であれ、マイナスの表現であれ、そもそも性的な評価を表現されること自体が嫌だという気持ちを尊重すべきだからです。

この規程では、セクハラに起因する問題として、セクハラのため

「学生等の就学上の環境が害されること」（環境型セクハラ）とセクハラへの「対応に起因して……学生等が就学上の不利益を受けること」（対価型セクハラ）の双方を挙げています。つまり、何らかの具体的な不利益につながらなくても、環境を害されたら十分セクハラによる問題だということです。

DIRECTIONS 　設例の場合、教授の下ネタは、質問者をターゲットとしていようがいまいが、性的な言動であることに変わりはありません。そして、質問者は不快な思いをしている以上、セクハラに該当します。また、講義の内容に集中したいのに、居心地の悪い思いをさせられていることから、就業環境も害されているといえるでしょう。

このような場合、まずは大学が設置しているセクハラに関する相談窓口などを利用して相談をしてみましょう。2003年の文科省調べでは、国公立はもちろん、私立も8割以上の大学が相談窓口を設けています（http://www.mext.go.jp/b_menu/shingi/chousa/koutou/027/siryo/06021607/031.htm）。また、そのような窓口がない大学でも、セクハラによる就学環境の悪化を防ぐ義務を負っていることには変わりありませんので、学生相談窓口などに相談してみましょう。セクハラの加害者というのは、往々にして、悪気がなく行っていることがあるので、声を上げることは大切です。

（弁護士　塩川泰子）

89
成年後に親に対して扶養請求できる？

〔**設例**〕A君は、親からの学費や生活費等の援助を受けて、4年制の大学に通っていました。しかし、20歳の誕生日を過ぎたある日、A君は、成人になったことを理由に父親から援助を全額打ち切られてしまいました。大学の授業は忙しく、アルバイトができる時間もままならないため、このままでは、A君は、大学を辞めざるをえないかもしれません。A君は、父親に対し、学費を支払うように請求することができるでしょうか。

1 扶養義務の要件

民法上、扶養義務に関しては、「直系血族及び兄弟姉妹は、互いに扶養をする義務がある。」（民877条1項）と抽象的に規定されているのみで、扶養義務が生じる要件が具体的に定められているわけではありません。解釈上は、①扶養権利者が要扶養状態にあること、②扶養義務者が扶養を行う能力を有していることが必要と考えられています。

2 裁判例①（第一審）

この点、実際に、子が父に対して扶養を求めた事件の一審では、「扶養義務者は、自己の成人に達した子に対しては、扶養義務として、特段の事情がない限り、扶養権利者である子に高等教育を受けさせるべき義務を負わない」、「申立人は健康体の成人であって、その知的能力は問題がなく、身体的にも何らの障害も認められない。してみると、申立人の潜在的稼働能力は十分というべきである。」など、要扶養状態にあるとはいえないとされ、請求は棄却されました。

3 裁判例②（控訴審）

一方、同事件の控訴審は、「卒業すべき年齢時まで、その不足する学費・生活費をどのように調達すべきかについては、その不足する額、不足するに至った経緯、受けることができる奨学金（給与金のみならず貸与金を含む。以下に同じ。）の種類、その金額、支給（貸与）の時期、方法等、いわゆるアルバイトによる収入の有無、見込み、その金額等、奨学団体以外からその学費の貸与を受ける可能性の有無、親の資力、親の当該子の４年制大学進学に関する意向その他の当該子の学業継続に関連する諸般の事情を考慮した上で、その調達の方法ひいては親からの扶養の要否を論ずるべきものであって、その子が成人に達し、かつ、健康であることの一事をもって直ちに、その子が要扶養状態にないと断定することは相当でない。」として、一審を取消し、差し戻しを行いました。

DIRECTIONS

設例において、Ａ君は、父親に対して、一定の金額の支払いを請求できる可能性があります。ただし、控訴審の判断を基礎としても、上記下線部の事情等により結論は左右されますので、弁護士等への相談をお勧めします。

なお、仮に、Ａ君の両親が離婚や別居をしており、母親が監護権者としてＡ君を育てている場合、Ａ君自らが父親に請求するのではなく、Ａ君の母親が、父親に対して、養育費として大学の学費等の請求をすることが考えられます。その際にも、大学への進学にあたっての父親の諾否や、両親の収入・学歴・地位、その他上記下線部と概ね同様の要素の検討が必要となると考えられます。

もし皆さんがＡ君のような状況に立たされてしまったら、大学を辞めるなどの判断を一人でする前に、弁護士への法律相談や大学への奨学金制度に関する相談をしてください。

（弁護士　小島秀一）

90

滑り止め合格の大学に納めた学納金は返してもらえる？

〔設例〕受験生のA君は、滑り止めのB大学に合格したため、ひとまず入学申し込みをして入学金と前期授業料等（学納金）を大学へ納付しました。その後、A君は無事本命のC大学に合格できたため、B大学への入学を辞退しました。このとき、入学をキャンセルしたB大学から学納金を返還してもらえるのでしょうか。

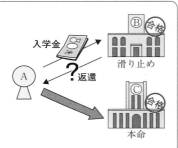

1　事案の概要

わが国の大学受験では、「浪人」を避けるために合格の見込みが大きい大学にあらかじめ合格しておき（滑り止め）、本命校に合格できた場合には、滑り止め校は入学辞退をすることが広く行われています。大学側も上記のような事情は十分に認識していて、当時は多くの大学で「支払われた学納金はいかなる理由でも返還しない」という規則を制定していたほか、授業料の納付期日も他の大学の合格発表日を考慮して調整されていました。

一般に、大学へ納付する学納金は70万円から80万円ほどになる高額なものであったため、昭和30年代から学納金返還請求訴訟が起こされてきましたが、いずれも認められてきませんでした。

しかし、2001年に消費者契約法が制定されたことで全国的に学納金返還運動の機運が高まり、各地で裁判が起きました。そして、最高裁判所は一定の範囲で学納金の返還を認めるに至りました。

2　一般入試・3月末までに辞退なら授業料等は原則返還

裁判所は、学納金を大きく以下の2通りに区分しました。①入

学金と②授業料、校友会費などの「その他の学納金」です。

　このうち①入学金については、実際に入学するか否かを問わず、入学できるという地位を確保した対価である、として返還を認めませんでした。ただし、大学側が返還を回避するために「不相応に高額」な入学金を設定している場合は別です。

　他方で②その他の学納金については、3月31日までに辞退するか、「入学式に欠席した際には辞退したものとみなす」という規則がある場合、原則として返還する義務があるとしました。大学側は最初から合格者全員が入学するとは想定しておらず、一定数の辞退者が出ることを織り込んで、定員より多く合格させています。辞退者が出てもそれがただちに大学の損害とならないからです。

　しかし、4月1日以降、すなわち新年度になって以降は補欠等の対応が難しいので、それ以降辞退した場合は、大学がこれを想定した規定をおいていない限り、大学の損害として認められ、逆に不返還が原則となります。

　もっとも、これは一般入試で合格した学生の場合です。推薦・AO入試の場合、合格した場合は入学することが通常です（その旨の誓約書を提出することがあります）。そのため、推薦・AO入試の場合は、「その他の学納金」を含めた全額が返還の対象とならないことが原則となります。

DIRECTIONS　一般入試で滑り止め校に合格した場合は、3月中に辞退したうえで、収めた学納金の内訳をチェックしましょう。

（弁護士　渥美陽子）

STAGE 2

サークルでのトラブル

91
新入生がサークルをすぐ退会したとき会費は払う？

〔説例〕新入生のA君は、武道サークルに勧誘され、入会金3000円を払って入会しました。一日だけ稽古に参加したが、活動内容や雰囲気が自分に合わないと感じたので、翌日、退会届を出したところ、主将Bらから退会しないようにと1時間くらい説教されました。それでも退会したいと言ったら、前期分の会費5000円を直ちに払うようメールや電話でしつこく催促されました。会費をいつ払うかは前もって言われず、会則にも書いてありません。他のサークルでは入会金は最初に払うが、会費は前期の納会時に払うのが普通で、それまでは自由に退会できるといいます。A君は、会費を払わなければならないのでしょうか。また、入会金は？

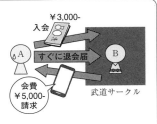

1 サークルに入るとはどのようなこと？

サークルは、複数人が特定の目的をもって集まる団体で、法律的には「組合」（民667条以下。少人数の場合）又は「権利能力のない社団」（規模が大きい場合）と捉えられます。サークルに入会するとは、この団体と入会契約を結ぶことを意味します。

その入退会については「会則」に書かれているのが普通ですが、学生サークルでは細かいことは書かれていないので、一般常識や慣習から判断する必要があります。ただ、細則があっても、入会者に著しく不利な条項は無効とされる場合があります（民90条）。

2 「入会金」とは

入会金と会費とは、学校入学の際の「入学金」と「学費」に対比できます。「入会金」は、団体に加入する際に必要とされる費用で、入会に関する費用（登録手続、勧誘に要した手数料、印刷物作成費、通信費用など）にあてがわれるとされます

（団体は、この費用を特に入会者から徴収する必然性はありませんが）。したがって、「入会」手続費用ですから、入会後に退会するときは、入会契約に瑕疵（かし）がある場合を除いて、返還請求をすることはできません。瑕疵の例としては、勧誘時と入会後の活動内容・態様が同一性がないほど違っているような場合であり、その場合は、錯誤（民95条）や詐欺（民96条）を理由に契約を「取り消す」ことができます。ただ、自分が想定していた活動内容とは異なるとか、雰囲気が自分に合わないなどでは、この場合に該当しないでしょう。

3　「会費」とは　「会費」は、具体的にサークル活動に必要な費用です。団体によって活動内容が異なるため、その金額の多寡や内訳は多様ですが、サークルの多くは、毎月ではなく、一定期間（学期や年度）毎に、事前または事後に、一括して会員から徴収しているのが普通です。

　ただし、新入生については、サークルの一員として自覚的に活動を始める6月頃や前期活動終了後に会費を徴収するとして、在学生と区別し、特別に取り扱っているのが一般です。これは、新入生の多くが、最初複数のサークルに登録し、その後で自分に合ったサークルに絞って入会し活動するのが普通なため、サークル側も新入生側も、後に「会費」を一括徴収するまでは、自由に脱退ができると考えているからです。これが、大学の「サークル文化の慣習」といえます。

DIRECTIONS　相談例では1回参加しただけですから、期間全部の「会費」を要求することは不当であり、支払義務はありません。会則に「1回でも参加した場合は全額の会費を払わなければならない」と書いてあっても、その条項は公序良俗違反（民90条）又は不当利得（民703条）として無効です。ただ「入会金」は、入会する意思を示して支払った金銭なので、返還請求はできないでしょう。

（早稲田大学教授　近江幸治）

92
お酒の上のトラブル　エトセトラ

〔設例〕入学時のガイダンスのうちの一つで、「酒は飲んでも飲まれるな」と言われました。確かに、大学生になるとお酒を飲む場面が増えて、へまをするエピソードをよく聞きます。法律上、問題になるレベルのものとしてはどんなことがありますか？

トラブル？

1　一気飲みの強要、やりすぎると？

最近では、お酒を無理に飲まない人が増えてきていると言われますが、宴席ではしゃいで一気飲みのコールをする場面は、今でも健在です。ガイダンスなどで紹介されたことがあるかもしれませんが、入学直後の宴席で急性アルコール中毒になり、死亡した事件もあります。

さて、法律上問題になる点としては、どんなケースがあるでしょうか。

まず、嫌がる人に対して、「飲まないとスマホ割るぞ」等、害悪を告知して無理やり飲ませるのは、強要罪という犯罪になる可能性があります（刑223条）。また、だいぶ酔っぱらっているとわかる人に重ねて一気飲みをさせ、その人が急性アルコール中毒になった場合、傷害罪（刑204条）が成立する可能性がありますし、最悪、その人がそれで死んでしまった場合、傷害致死罪が成立する可能性すらあります（刑205条）。

2　飲みすぎた人をほったらかしにしたら？

飲みすぎてつぶれている人の面倒を見るのは大変ですよね。飲みつぶれてい

る友達を放置していっても全然問題ないと思う人はさすがにあまり多くいないと思いますが、飲みすぎてつぶれている人をどうにもできなくなって、放置したくなる気持ちをもつ人はいるかもしれません。

しかし、これもまた、保護責任者遺棄罪という犯罪が成立する可能性があります（刑218条）。保護責任者と認められるかどうかは、ケースバイケースですが、一緒に飲んでいて明らかに酔いつぶれているとわかっている場合、条理上、保護責任がある人だと認められる可能性が十分あります。仮に、保護責任がない場合でも、遺棄罪（刑217条）が成立する可能性があります。さらに、もし放置した人が死亡するに至った場合は、（保護責任者）遺棄致死罪（刑219条）に加重される可能性があります。

3　男女問題は？　**32** の解説にあるとおり、相手を酔わせて、それに乗じてわいせつな行為をした場合は準強制わいせつが、性行為に及んだ場合は準強姦が、それぞれ成立する可能性があります（刑178条）。

4　刑事責任以外は？　より大ごとである刑事責任を中心として解説してきましたが、これらはそれぞれ被害者に対する不法行為（民709条）にも該当するので、**93** の解説にあるとおり、民事上、被害者に対して損害賠償責任を負うことも十分考えられます。

楽しい宴席から、とんでもない法的責任の問題に発展しないよう、お酒は適度に楽しみましょう。

（弁護士　塩川泰子）

93

コンパで一気飲みさせてもいいでしょうか？

〔設例〕A大学のとあるサークルでは、新入生歓迎会において新入生全員が焼酎を1杯ずつ一気飲みする伝統がありました。それを知らずに参加した1年生のBさんも例外ではなく、上級生たちに囲まれて一気飲みをさせられてしまい、急性アルコール中毒になってしまいました。上級生たちはどのような責任を負うのでしょうか。

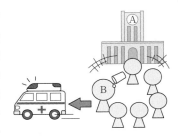

1 アルハラに関する法規制

大学では飲酒をする機会が多くあります。未成年者の飲酒は法律上禁止されていますが、年齢を問わず、飲酒を強要することは法的責任を伴います。

近年では「アルコール・ハラスメント」という言葉も定着しましたが、強制的に飲酒をさせた場合には「義務のないことを行わせ」たとして強要罪（刑223条）が成立することがあります。また、最初から「潰す」ことを目的にして酩酊させた場合は、傷害罪（刑204条）が成立することがあります。わざとでなくても、過失によって急性アルコール中毒にさせてしまった場合には過失傷害罪（刑209条1項）が成立することがあります。そして、酩酊した友人等を放置した場合、保護責任者遺棄罪（刑208条）が成立することがあります。

また刑事責任とは別に、民事上の不法行為責任（民709条）を負うこともあります。

2 飲酒にまつわる裁判例

刑事責任が問われたものには以下のようなものがあります。(1)ホストAが、他店のホストBに対して、「つぶれたら……仕方ない」という認識を持ち「痙攣するまで飲め」等の怒号を浴びせ、一気飲みを強要して死亡させた事例。

(2) C・D・Eで酒を飲み、泥酔したEをCとDが駅まで送る途中で、Eが「放っておいてくれ」等と言ったため、踏切付近にEを置いたままC・Dが帰宅し、その後Eが線路に侵入し、轢かれて死亡した事例。

次に、大学生が民事責任が問われたものには以下のような事例があります。

(1) 大学の部活で行われた新入生歓迎会で、1年生F（20歳）が大量に飲酒をして意識を失ったため、上級生が寝かせて様子を見ていたが死亡したという事例。

この事例では寝かせていただけの上級生にFの逸失利益としておよそ650万円の賠償が命じられました。

(2) 大学の部活で開催された飲み会で、1年生G（19歳）ら11人が酔いつぶれて、Gは死亡したという事例（和解成立）では、場の雰囲気が「心理的な強要が起こり得る」ものであったことを関係者が認め、謝罪しました。

DIRECTIONS　飲酒強要は重大な結果をもたらす可能性がある危険な行為です。異変を察知したらすぐに救急車を呼びましょう。

（弁護士　渥美陽子）

94

学祭で食中毒を出したと言われたら？

〔設例〕A君は学園祭でサークルの仲間と一緒にホットドッグを販売することになりました。A君は、ソーセージをD社から仕入れて準備をしました。学園祭初日は大盛況で、用意したホットドッグ300個は完売しましたが、翌日、販売ブースを訪れた母親Bから「あなたたちのホットドッグを食べた娘Cが、食中毒になって入院した。責任をとってください。」と言われてしまいました。A君らは、どのように対応すればよいでしょうか。

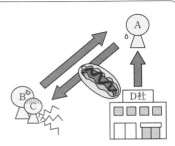

1 どのような責任が生じる可能性があるのか？

A君らの衛生管理や調理程度が不十分であったためにCが食中毒になってしまった場合には、A君らは、Cに対して、Cが被った損害を賠償する責任を負います。したがって、もしCが、食中毒が原因で重度の障害を負い、その後死亡してしまった場合は、A君らは、Cの治療費、介護費用、葬祭費用、慰謝料、Cが生きていれば得られたであろう利益など、合計で1億円を優に超える賠償責任を負う可能性もあります。また、食中毒の原因がA君らが提供したホットドックにあった場合には、Cの他にも同様の症状を発症している人が存在している可能性があります。そのような場合には、A君は、全ての被害者に対して、損害を賠償する責任を負うことになります。

DIRECTIONS

A君らとしては、まずは、学園祭の主催者や大学に連絡して状況を報告することが必要です。また、母親Bの対応によっては、A君らは、既に法的トラブルに巻き込まれ

ているといえますので、自分や家族で対応しようとせずに、弁護士に早急に相談することが肝要です。

ただし説例の場合、あくまでもこの時点では、Ｃの食中毒の原因がホットドックであることが確定した訳では全くありません。

例えば、食中毒の原因がＣが自宅で食べたサラダであったなど、Ａ君が提供したホットドッグとは全く無関係の可能性もあります（300個のホットドックを販売したにもかかわらず、食中毒を発症した人がＣのみであった場合、その可能性は高まります）。また、Ａ君がソーセージを購入したＤ社に食中毒の原因があった場合などは、Ａ君の過失（不注意）が原因ではなかったということになります。

Ａ君としては、決して悲観的にならず、弁護士の助言の下で、どのようにＢ、Ｃに対応すべきかを慎重に検討することが大切です。

2 学生賠償責任保険への加入

Ａ君らが他人に損害を与えてしまう場合というのは、何も学園祭の場面に限られません。本設例の場合以外にも、例えば、スキー合宿中に不注意で子供に怪我をさせてしまった場合、自転車を運転中に高齢者とぶつかり、死亡させてしまった場合、下宿先のアパートにおいて、お風呂の水をあふれさせてしまい、階下の部屋を水浸しにしてしまった場合などがあります。

このような場合に備えて、賠償保険に加入しておくという方法が考えられます。例えば、全国大学生協共済生活協同組合連合会（いわゆる、大学生協）が発売している「学生賠償責任保険」です。４年間の保険料合計5800円で、一事故につき、２億円を上限とする補償（2017年9月時点）を受けることができるとされており、とてもお得な内容になっています。具体的に、どのような事故が保険の適用を受けるかについては、各保険商品ごとに異なります。加入するにあたっては、ご注意ください。

（弁護士　白木敦士）

95
サークルのイベントで映画を上映したら？

〔設例〕映画サークルに入っているA君は、サークルのイベントで映画上映会を企画しています。スクリーンがあるカフェを貸し切り、30名程度の参加者から会費を徴収して、A君の私物である市販のDVDソフトを再生する方法で映画を上映しようと考えていますが、このような企画には何か問題があるでしょうか。

1 私物をどう使おうが自由？

設例のA君は私物のDVDソフトを再生して、大勢のお客さんに映画を見てもらおうとしています。A君はお金を払ってDVDソフトを購入したのですから、このDVDソフトをどう使おうがA君の自由であるようにも思えます。

しかし、市販の映画DVDソフトは、「映画の著作物」（著作10条1項7号）をDVDに「録画」（著作2条1項14号）したものであり、これを公に上映する権利（著作22条の2に定める「上映権」）は、ビデオソフトメーカー等に帰属していることが一般的です。

したがって、私物のDVDソフトといえども、これを無断で公に上映することは他人の上映権を侵害する行為として許されないのです。

2 会費を徴収しなければOK？

著作権法第38条第1項は、「公表された著作物は、営利を目的とせず、かつ、聴衆又は観衆から料金（いずれの名義をもってするかを問わず、著作物の提供又は提示につき受ける対価をいう。以下この条において同じ。）を受けない場合に

216　UNIT Ⅲ　授業・サークル活動──STAGE 2　サークルでのトラブル

は、公に上演し、演奏し、上映し、又は口述することができる。」と定めています。この規定からすれば、設例の A 君も、参加者から会費を徴収しなければ（飲食代は参加者各自の負担）、市販の DVD を公に上映しても上映権の侵害にはならないと考えることができます。

3 音楽についての利用許諾は？

ほとんどの映画においては音楽が使用されており、音楽の歌詞やメロディに関する著作権は、通常、音楽出版社を通じて、一般社団法人日本音楽著作権協会（JASRAC）に信託譲渡されています。

したがって、映画を公に上映する場合には、映画中で使用されている音楽について、別途 JASRAC に許諾申請をしなければいけない場合があります。

DIRECTIONS

ビデオソフトメーカーは、市販の映画 DVD ソフトの他に、「公の上映用」の DVD を用意している場合がありますので、まずは、ビデオソフトメーカーに問い合わせるのがよいでしょう。一般社団法人日本映像ソフト協会のウェブサイトなどから、主要なビデオソフトメーカーの問い合わせ先を知ることができます。また、JASRAC のウェブサイトにも、使用料（数百円〜数千円程度）の算定方法や許諾申請の方法が詳しく紹介されています。

他人の著作物を家庭以外の場で利用する場合には、常に著作権侵害の問題が生じる可能性を意識して、慎重に利用する癖をつけるようにして下さい。

（弁護士　山縣敦彦）

96

ドローンで撮影をする際に気をつけるべきことは？

〔設例〕映画制作サークルに入っているA君は、自分たちが制作した映画の中で使用するため、ドローンを飛ばして東京の街を空撮することにしました。完成した映画はネットで公開することを考えています。
A君はどういったことに気をつければいいでしょうか。

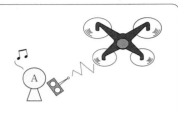

1 ドローンを規制する法やガイドライン

息を飲むような絶景や秘境も、ドローン（マルチコプター）を使えば誰でも簡単に撮影できます。災害調査や救急救命などにも活躍が期待されます。

一方で、落下による事故のほか、ドローンにより撮影された写真・動画をインターネット配信することにより、他者のプライバシー、肖像権、著作権等を侵害する危険性もあります。

ドローンを規制する法としては、航空法と小型無人機等飛行禁止法が中心になりますが、その他にも、電波法、道路交通法、個人情報保護法、軽犯罪法、各地方自治体が制定する迷惑防止条例、国土交通省が策定した「無人航空機（ドローン、ラジコン機等）の安全な飛行のためのガイドライン」や総務省が策定した「『ドローン』による撮影映像等のインターネット上での取扱いに係るガイドライン」、航空局が策定した「無人航空機に係る規制の運用における解釈について」なども関わってきますので注意が必要です。

2 機体や飛行場所に関する規制は？

200グラム未満のドローン（ラジコンも同様）は、航空法における「無人航空機」の規制が適用されず、空港等の周辺や人口集中地区における飛行や150メート

ル以上の高度飛行以外は、空港事務所長や国土交通大臣の許可なく行うことができます。もっとも、重さに関係なく、小型無人機等禁止法が規定する重要施設（国会など）や地域ではドローンを飛ばすことはできません。

　航空法第132条の2には、①日出から日没までの間において飛行させること、②当該無人航空機及びその周囲の状況を目視により常時監視して飛行させること、③当該無人航空機と地上又は水上の人又は物件との間に国土交通省令で定める距離を保って飛行させること、④祭礼、縁日、展示会その他の多数の者の集合する催しが行われている場所の上空以外の空域において飛行させること、⑤当該無人航空機により爆発性又は易燃性を有する物件その他人に危害を与え、又は他の物件を損傷するおそれがある物件で国土交通省令で定めるものを輸送しないこと、⑥地上又は水上の人又は物件に危害を与え、又は損傷を及ぼすおそれがないものとして国土交通省令で定める場合を除き、当該無人航空機から物件を投下しないこと、というルールが定められています。

3　撮影における注意事項　前記総務省のガイドラインによれば、住宅地にカメラを向けないようにするなど撮影態様に配慮すること、プライバシー侵害の可能性がある撮影映像等にぼかしを入れるなどの配慮をすること等について注意喚起がされています。

DIRECTIONS　法規制に違反した場合、刑事罰が科されることもあります（例えば、200グラム以上の機体につき規制する航空法では50万円以下の罰金刑が定められています）。まずは、ガイドラインを熟読してから、ドローン飛行を楽しむようにして下さい。

（弁護士　山縣敦彦）

UNIT IV

刑 事 事 件

97
刑事裁判って何ですか？

〔設例〕よくニュースで、こんな悪い人が捕まったという話を聞きます。悪いことをしたら当然慰謝料とかを払うべきだと思うのですが、刑事事件と民事事件をごっちゃにしていると先生に言われました。どういう意味なんでしょう？

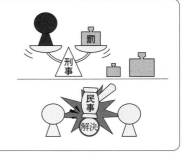

1　刑事裁判とは？

刑事裁判とは、ある人がある犯罪を行ったかどうかを判断し、その犯罪を行ったと認められる場合は、どのような罰を課すのが適切かを判断する手続きです。

ここで裁判にかけられている「ある人」を被告人といいます。犯罪というのは、社会通念上、罰するに値する「悪いこと」として法律であらかじめ決められた一定の行為をいい、これに見合った刑罰の範囲もあらかじめ法律で定められています。このように法律で定められた範囲でしか犯罪を罰することができないのは、罪刑法定主義といって、現代の刑事司法の重要な原則です。これによって、時の権力者が「気に食わない」等の理不尽な理由で人を罰することができなくなるからです。犯罪を定める法律としては、刑法が基本法として存在しますが、道路交通法、覚せい剤取締法など、個別の法律で刑罰を定めるものもたくさん存在します。

刑事事件の大きな特徴は、国家権力が捜査機関を用いて犯罪の有無、だれがやったかなどを捜査し、証拠を集めたうえで、起訴する点です。

ちなみに、裁判員裁判の対象となるのは、 *117* で詳しく解説され

ているとおり、日本の場合、刑事事件のうち、重大事件のみです。

2　じゃあ、民事事件って？　これに対して、民事事件というのは、個人対個人、個人対会社、会社対会社など、民間の主体（私人）の間の争いを裁判所が解決するサービスのことです。例えば、貸したものを返せとか、働いた分の金を払えとか、傷つけた分の慰謝料を払えとか、そういう紛争です。

こういった紛争は、自分たちで解決できるのであれば、裁判にはなりません。しかし、自分たちで解決できない場合、放置しておけば、いつまでたっても状況が改善しないことが往々にしてあります。そこで、紛争の解決を望む当事者が裁判所に「裁いてくれ」と申し立てることで民事事件は始まります。もともと自分たちで解決して紛争を終わらせる自由があるので、裁判の途中で和解をして仲直りすることも自由です。ただし、刑事事件のように国家機関に捜査してもらって証拠を集めるのではなく、自分たちで証拠を集める必要があります。

3　設例の疑問は…？　ここまでの説明で、もうわかったでしょうか？ご覧になったニュースが何の事件だったかわかりませんが、「悪いこと」として何らかの刑事罰が定められていることをした人がいた場合、国家権力が捜査・起訴して刑罰を判断しようとするのが刑事事件であるのに対し、慰謝料を払ってほしいという被害者の加害者に対する訴えは、民事事件の問題であり、別の手続きなのです。先生の発言は、「これを混乱しているよ」という指摘だったわけです。

被害回復を図りたい被害者がとることのできる具体的な手続きは、**121** を参考にしてみてください。

（弁護士　塩川泰子）

98

疑わしきは被告人の利益って？

〔設例〕刑事ドラマで、「疑わしきは被告人の利益っていうでしょ」って犯人が言ってました。なんか感じ悪かったんですが、どういう意味ですか？

1　「疑わしきは被告人の利益に」

目の前に10人逮捕された人がいます。そのうちの9人が重大犯罪をした人であることはわかっています。1人だけ普通の人がいますが、どの人が犯罪者なのか、どんなに手段を尽くしてもわかりません。こういうときに、あなたならどうしますか？

あまり現実的なシチュエーションじゃないかもしれませんが、こういうとき、法律家であれば、その10人全員を釈放すると回答します。それは、その人たち1人1人について、犯罪の証明がないからです。

日本もまさにこの立場をとっていて、憲法31条の「何人も、法律の定める手続によらなければ、その生命若しくは自由を奪われ、又はその他の刑罰を科せられない。」という適正手続き保障も、推定無罪の原則が含まれると解釈されています。そしてこれを受けて、刑事訴訟法336条は、「犯罪の証明がないときは、判決で無罪の言渡をしなければならない」を定めています。「犯罪の証明がないとき」というのは、検察官が被告人の有罪を証明できていない場合をいい、被告人自身が無罪であることを立証する必要はありません。疑わしい程度でとどまるならば、罰せられないという結論になるので、このルールを「疑わしきは被告人の利益に」ということがあります。

2 なんでそんなルールなの？

このルールは、実は日本独自のものではありません。日本も批准している国際人権B規約第14条2項では「刑事上の罪に問われているすべての者は、法律に基づいて有罪とされるまでは、無罪と推定される権利を有する。」としており、国際的にも人権の一つとしてとらえられています。では、刑事ドラマに出てくる憎たらしい犯人のように、この原則を悪用する人がいるのに、なぜこのようなものが人権として認められているのでしょうか。

そのためには、まず刑事裁判というのが、どれほど大きな意味をもっているかを認識しなければいけません。清く正しい人生を送っている人は、刑事裁判は、悪い人を裁いてくれる素敵な手続きだという認識しかないかもしれませんが、有罪となれば、その人の自由、財産、場合によっては生命を合法的に奪うことができるおそるべき手続きでもあります。うっかり間違ってそんなことになっては大変ですから、きちんと証拠によって証明されない限り、無罪と扱われるのは、ある意味で当然のことといえましょう。不十分な証拠で命を奪われた人や、時の権力者の思惑で犯罪者のレッテルを張られた人が後を絶たなかった人類の歴史を考えれば、なおさらです。

（弁護士　塩川泰子）

99
ニュースで聞いた限りでは有罪だと思います？

〔設例〕この前、成人しました。裁判員にも選ばれる可能性があるので、ちょっとワクワクして刑事事件のニュースを見てみました。今回見たニュースだと、本人は否認しているみたいですが、明らかにおかしいと思います。でも、裁判では、ニュースは参考にしちゃいけないって言われました。なんでですか？

1　証拠裁判主義

刑事訴訟法317条では、「事実の認定は、証拠による」と規定しています。事実の認定とは、「この被告人が行ったことは殺人罪で、無期懲役に処すべきだ」等という判断の前提となる「この被告人が××さんをこういう形で殺した」という事実があったかどうかを判断することをいいます。その事実認定は「証拠」に基づいて行わなければいけませんよという意味です。魔女狩りなんていう言葉を聞いたことがあるかもしれませんが、人類史上、様々な形をとって行われた呪術や直感などによる裁判ではいけないということですね。

ここでいう「証拠」とは、証拠能力があり、適式な証拠調べを経たものをいいます。証拠能力とは、あるものを証拠として採用する資格のことです。例えば、拷問で強要した自白などは、証拠能力が認められません。拷問で強要した自白なんて、真実とは異なる可能性が十分考えられるという側面もありますし、そのような違法な（拷問は憲法36条で禁止しているので、違憲でもあります）捜査を「やったもん勝ち」にしてしまっては、捜査のルールを守ってもらえそうにありません。その

ために、証拠として採用するには一定の条件をクリアする必要があるのです。

そして、それを刑事裁判のルールに則って証拠調べしたものだけが、ここでいう「証拠」として扱われるわけです。

2　ニュースで見た内容は「証拠」ですか？

それでは、ニュースで見た内容は、刑事手続き上で認められる「証拠」といえるでしょうか？ここまでの説明でおわかりのとおり、ニュースは、刑事裁判の手続きとは関係なく独自の判断で放映されているものですから、証拠能力があるかどうかの保証はありませんし、適式な証拠調べも経ていません。したがって、ニュースで見た内容は「証拠」ではなく、裁判における事実認定には使えません。

ニュースで使われた内容が証明に必要と検察官が判断した場合、検察官が適式な証拠調べをするために証拠として申請するかもしれませんが、提出されたものの中にないなら、裁判員としてはニュースを参考にすることなく判断しなければいけません。

3　おまけ

ちなみに、よく証拠というと、物証だけのことを想像される方がいますが、証言も証拠の一種です。物証の方が嘘は言いませんが、物証をどのように読み解くかは、往々にして人の証言が必要になることがあります。

（弁護士　塩川泰子）

100
「有罪率99.9％」の意味とは？

1　「有罪率99.9％」　「日本の有罪率は99.9％である」といった話を聞いたことがある方も多いと思います。法務省が毎年発行している「犯罪白書」（法務省のウェブサイトから見ることができます）によれば、平成27年度の裁判確定者数は33万3755人、そのうち有罪が確定した数は33万3331人（無罪が確定した数は88人）とされていますから、有罪率は約99.87％ということになり、おおよそ正しいことがわかります。そして、この数字は、法制度の違いはあるものの、諸外国と比較して高いと言われています。

この数字を見て、みなさんはどう感じるでしょうか。日本の警察・検察は優秀だと感じるでしょうか。日本の裁判所は犯罪者に偏見を持っているの？と感じる方もいるでしょう。

この数字の意味を理解するためには、我が国における刑事裁判の根本的な仕組みを知らなくてはなりません。

2　刑事裁判を起こすのは誰か　犯罪者であると疑われて、逮捕された人（Aさん）がいたとします。この時点では、Aさんはまだ「被疑者」であるにすぎず、犯罪者であると決まったわけではありません。この時点でAさんが犯罪者であると決めつけることができるのは、（もし本当に罪を犯していたとしたら）Aさん本人と場合によっては目撃者、そして神様くらいしかいません。

そこで、Aさんが罪を犯したのかどうか、もし犯していたことがわかった場合、Aさんにどのような刑罰を科すのが相当であるのかを決める場が刑事裁判です。

それでは、刑事裁判は、犯罪の嫌疑が生じた場合には必ず開かれるのでしょうか。答えはNOです。刑事裁判を起こす（「起訴する」とい

228　UNIT Ⅳ　刑事事件

います）かどうかを決めるのは検察官のみです。これを起訴独占主義といいます（刑訴247条。なお、検察審査会の議決による強制起訴の制度もありますが、きわめて例外的です）。

そして、刑事裁判を起こすかどうかは、検察官の広い裁量に委ねられています。これを起訴便宜主義といいます（刑訴248条）。

すなわち、検察官が全ての刑事事件をふるいにかけ、起訴すべき事件であると判断した場合にのみ、刑事裁判が開かれるのです。犯罪白書によれば、平成27年度の起訴率は33.4％とされていますので、警察から検察に送致された事件及び当初から検察が捜査をした事件のうち3件に2件は裁判にならずに終了していることになります。裁判にならずに終了する事件の多くは、犯罪の嫌疑はあるが、初犯である、示談が成立しているなどの事情を考慮して、起訴するのは相当ではないと検察官が判断した「起訴猶予」のケースです。

3 「冤罪」の背景

こうしてみると、「有罪率99.9％」の意味がだんだんとわかってきたと思います。つまり、この数字の分母には検察官が不起訴にした事件は含まれておらず、検察官が起訴した事件のうち有罪が確定した事件は約99.9％ということなのです。

また、有罪事件の多くが、争いのない交通事故犯などであることも有罪率を高くしています。しかし、この「有罪率99.9％」という数字こそが「冤罪（えんざい）」を生む背景となっている可能性もあります。つまり、無実である人を有罪として処罰してしまう「冤罪」は、検察官は捜査によって収集した堅い証拠から有罪であることが明らかであると判断した被疑者についてのみ起訴しているのだ、という裁判官の検察官に対する過信からも起きてしまうといえるのです。

（弁護士　山縣敦彦）

101
検察ってなんですか？

〔設例〕刑事事件のニュースを見ました。ケイサツとケンサツという言葉が出てきたんですが、何がどう違うのかよくわかりません。警察はお巡りさんのイメージがありますが、検察って何をする人なんでしょう？

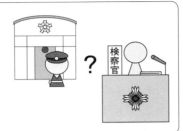

1 検察官とは？　検察官は、刑事事件について、捜査及び起訴・不起訴の処分を行い、裁判所に法の正当な適用を請求し、裁判の執行を指揮監督するなどの権限を持っている人のことをいいます。この権限の行使に当たっては、「公益の代表者」として行うことが法律上定められています（検察4条）。

検察官は、原則として、裁判官や弁護士と同じで、司法試験に合格し、司法修習を終えて二回試験という試験を受かった者でないとなれません。検察官は、裁判官と弁護士と合わせて、法曹三者と呼ばれることがあり、法律家です。裁判官同様、公務員でもあるので、裁判官と同様の身分保障が認められています。

法律家なので、法務省などに出向して、国が訴えられた事件で国の代理人になったり、法改正のために働いたり、幅広い活躍の場がありますが、中心的業務は、刑事手続にかかわるものなので、この点について説明しましょう。

2 検察官と警察官　検察官と警察官は、いずれも刑事事件の捜査にかかわる点で共通します。響きも似ているので、混同されがちですが、警察官は、刑事ドラマでお馴染みの刑事や交番のおまわりさんなどで、都道府県警察の警官は、各都道府県の警

察官採用試験に合格した人です。このほか、警察庁という全国組織があり、こちらは国家公務員試験に合格する必要があります。

　刑事裁判は、**97**で解説されているとおり、ある人がある犯罪を行ったかどうかを判断し、その犯罪を行ったと認められる場合は、どのような罰を課すのが適切かを判断する手続きです。この目的のために、事件があったと疑われる場合には、捜査が必要になります。そういうとき、一般的には、まず警察が、証拠を集めたり、犯人を捜したり、という捜査をします。事案によっては、検察官も警察と一緒に捜査をすることもあります。検察官は法律家なので、法律解釈が大切な事案などで捜査に積極的にかかわります。

　そして、検察官が、疑われている人が本当に犯人かどうか確かめて、裁判にかけるかどうかを決めます。裁判にかけることを起訴といい、検察官こそが、この「起訴」をするかどうかを決める権限をもっている人です。

　起訴した後に、裁判所で証拠に基づいて「この人がこんな犯罪をしたので、このくらいの刑罰を与えるのが相当だ」という主張を立証していくのも検察官のお仕事です。

　ところで、証拠を集めてきたのなら、検察官も法律家なのだし、もう検察官が有罪か無罪かなどを決めていいのでは、と思った人もいるかもしれません。しかし、捜査機関は、正義を実現するため、一所懸命、疑わしい人を探し出し、犯罪を立証しようとします。その過程で、一所懸命になりすぎるあまり先入観が生じてしまうこともあり得ます。そのため、一所懸命捜査して立証する人と最終の判断権者を分け、判断は裁判官（事案によっては裁判員も）に任せているのです。

（弁護士　塩川泰子）

102
弁護人ってなんですか？

〔設例〕刑事事件のニュースを見ました。「弁護人」と言っていたのですが、「弁護士」とは違うんですか？

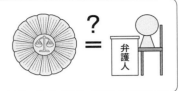

1　弁護人とは？

弁護人とは、刑事手続において、被疑者・被告人のために防御活動をする者のことをいいます。被疑者と被告人の違いは、起訴される前と後の差です。

被疑者段階については、憲法34条で「何人も、理由を直ちに告げられ、且つ、直ちに弁護人に依頼する権利を与へられなければ、抑留又は拘禁されない。」と書かれており、これが弁護人選任権の根拠となっています。また、被告人段階については、憲法37条3項に「刑事被告人は、いかなる場合にも、資格を有する弁護人を依頼することができる。」とされています。さらに、同条項の後段には、「被告人が自らこれを依頼することができないときは、国でこれを附する。」と規定されており、国選弁護人の制度まで、憲法で言及されているのです。

なぜ、憲法で弁護人選任権を保障するのでしょうか。憲法といえば、人権保障を定めた国の最高法規であり、国の機関についての定めは多くありますが、弁護人は国の機関ではないことからも極めて異例です。しかし、歴史上、刑事裁判は人権侵害の手段として繰り返し利用されてきた側面があります。そこで、犯罪者と疑われている者でも最大限自分の主張を守ってもらえることを人権として保障したのが弁護人選任権です。

2　弁護人と弁護士

弁護人は、原則として弁護士の資格をもつ者でなければならないとされています（刑訴31条1

232　UNIT Ⅳ　刑事事件

項）。例外として、弁護士でない者も裁判所の許可を得て特別弁護人になることができる場合があります（同条2項）。例えば、PC遠隔操作事件で、IT専門家が特別弁護人に選任されるといった具合です。ただ、原則として、弁護士であることが要求されていることから、たいていの場合、弁護人は弁護士であるということができます。

一方で、弁護士は、当事者その他関係人の依頼又は官公署の委嘱によって、訴訟事件等やその他一般の法律事務を行うことを職務とする人のことをいいます（弁護3条）。つまり、弁護士は、弁護人だけでなく、いろんな仕事をする可能性のある職業であるのに対し、弁護人とは、刑事裁判における役割のことを指すのです。その差が端的にわかるのが、*118*で出てくる検察審査会に強制起訴された場合の指定弁護士でしょう。指定弁護士は、弁護士という職業の人ですが、指定弁護士のお仕事をする場合は、検察官の役割を果たし、弁護人とは反対の役割をするのです。

弁護士は、*101*に出てきた検察官や裁判官と同じく、原則として司法試験に合格し、司法修習を終えて二回試験に合格した者しかなれない職業です。そして、「弁護士は、基本的人権を擁護し、社会正義を実現することを使命とする。」ということが法律上に定められています（弁護1条）。裁判官・検察官・弁護士という法曹三者の中で、唯一、公務員ではなく、国家から独立した在野の法曹です。

(弁護士　塩川泰子)

103
当番弁護・国選弁護って何？

〔設例〕Aさんは、彼氏に振られたうえ、必修科目の単位を落としたこともあり、ストレスが溜まって近所の空き家に放火するという事件を起こして逮捕されてしまいましたが、弁護士の知り合いがいません。Aさんの全財産は、アルバイトで貯めた20万円の貯金だけです。このようなときは、どうすればよいのでしょうか。

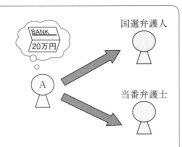

1 国選弁護とは

身柄の拘束を受けている者には弁護人選任権が保障されています（憲34条）。

そして、この保障を具体化するために、起訴されたものの、弁護人を付する資力のない者には国が弁護人を付することが定められました（憲37条3項）。これを国選弁護人といいます。

憲法37条3項の文面にもあるとおり、国選弁護人を付することが出来るのは起訴された後の「被告人」となってからでした。しかし、それでは起訴される前は専門家の助言が受けられないという問題がありました。

そこで、2006年に刑事訴訟法が改正され、今は、起訴される前の「被疑者」であっても、一定の犯罪で勾留された場合に国選弁護人を付することができます（刑訴37条の2）。もっとも、この法律は2016年に改正されましたので、今後は勾留されている被疑者が貧困等の理由により弁護人を選任できないときは、請求により国選弁護人を付すことになっています。（改正後刑訴37条の2〔2018年6月2日までに施行予定〕）

国選弁護人を選任するときは、裁判所から弁護人の有無を聞かれますので、資力申告書及び弁護士会が派遣した当番弁護士が弁護人に選任されなかったことを示す書面を提出する必要があります。

　設例のＡさんの行為は、非現住建造物等放火罪（刑109条１項）に該当しますが、非現住建造物等放火罪は２年以上の有期懲役となりますし、Ａさんの全財産は20万円ということですから被疑者国選対象事件となります。

2　当番弁護士について

　当番弁護士は国の制度ではなく、日弁連が運営しています。この制度は、身柄の拘束を受けた者のところに弁護士が赴き、無料で１回の相談が出来るというものです。

　上で述べたとおり、国選弁護人は最短でも勾留の段階ではじめて付されます。よって、逮捕から勾留までの最長72時間は、国選弁護制度によっても弁護人が居ません。

　他方で、逮捕直後の被疑者の権利を守るために当番弁護士制度が運用されてきました。この制度では、予め名簿登録を行っている弁護士に対し、弁護士会が出動要請を行うと、出動要請を受けた弁護士は24時間以内に接見を行うということになっています。取調べで何を答えればよいか分からないときには、当番弁護士が来るまでは黙秘するという対応も考えられます。当番弁護士については、そのまま私選弁護人として依頼することもできます。

（弁護士　渥美陽子）

104
任意同行を求められたら？

〔設例〕ある朝、Aさんの自宅に警察官が尋ねてきました。どうやら近くで起きた窃盗事件の犯人だと疑われているようで、警察署まで来て話を聞かせて欲しいと言っていますが、Aさんは犯人ではないし、期末テストの勉強が忙しいので行きたくないと思っています。Aさんは警察官に同行することを拒否できるのでしょうか。もし同行を拒否したら逮捕されてしまうのでしょうか。

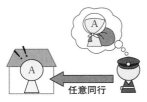

1　任意捜査について

警察が行う捜査は、強制捜査と任意捜査に分かれます。強制捜査とは、逮捕や家宅捜索といった「個人の意思を制圧し、身体、住居、財産等に制約を加えて強制的に捜査目的を実現する行為など、特別の根拠規定が無ければ許容することが出来ない手段」をいいます。強制捜査では原則として裁判官が発布する令状が必要です（令状主義の原則、憲33条、35条）。

一方で任意捜査には明文が無く「強制捜査ではない捜査」という意味で理解されています。任意捜査は「特別の根拠」も令状もなく行うことができます（刑訴197条）が、無制約に許されるものではありません。最高裁判所は、任意捜査の手法が「必要性、緊急性なども考慮した上、具体的状況の下で相当と認められる」ことを要求しています。本稿で取り上げる任意同行も任意捜査の典型です。

2　任意同行の実例

任意同行とは、捜査機関が犯罪に関係していると思われる人物の元に赴いて、警察署等へ同行を求めることです（刑訴法198条本文参照）。逮捕状を取るための証拠が整っていない場合や、警察での身体拘束期間の制限の回避（刑訴203条

1項参照）に多用されます。また、被疑者だけでなく、事件の事情を知っている人（参考人）を取調べる場合にも用いられます。

本来、任意同行は拒否できますし、その後の取調べもいつでも退去できます（刑訴198条但書）。

しかし、現実には拒否しても強引に連行したという事件もあります。その場合、実質逮捕であり違法ではないかという問題が生じます。

いかなるときに実質逮捕となるかの基準について、その場所・方法・態様・時刻・同行後の状況からして「逮捕と同一視できる程度の強制力」が加えられていたことから、実質逮捕であり違法とされた事例があります。この事例では、23時過ぎに車で約50分離れた警察署まで警官5名が被疑者を同行させたことが、実質的に逮捕に当たる違法なものとされました。

では、任意同行を求められた場合にこれを拒否したら逮捕されてしまうのでしょうか。

例えば、先述の時間制限を回避する場合等、逮捕状を取得しているのに敢えて任意同行を求める場合には、任意同行を拒否しても、逮捕状を呈示されたら逮捕されてしまいます。他方で、警察が逮捕状を取得していないのであれば、任意同行を拒否したという事実のみをもって逮捕することはできませんが、逃亡のおそれが認定されて逮捕されるリスクがあります。

DIRECTIONS 突然の任意同行を求められたら、まずは逮捕状の有無を確認したうえで、弁護士に相談してから出頭すると伝えましょう。弁護士に相談すれば、逮捕された場合の流れや、何がポイントになっているのかといった点についても相談できますし、心構えができます。逃亡を疑われないように、ご両親に出頭を確保する旨の誓約書などを作成してもらい、捜査機関に提出するなどの対応も有効な場合があります。

（弁護士　渥美陽子）

105
夜道で警察官から職務質問と所持品検査をされてしまった

〔設例〕大学のゼミの飲み会から帰宅途中のB君は、酔っぱらってフラフラ歩いていたところ、警察官に呼び止められ、鞄を見せるよう求められました。B君は飲み会のビンゴゲームの景品で当たった「ある景品」をどうしても見せたくなかったので、警察官の申し出を拒否したいのですが、できるのでしょうか。

1 職務質問・所持品検査について

まず、職務質問は、異常な挙動などから、何らかの罪を犯したか、犯そうとしている者を停止させて質問するという行為です（警職2条1項）。

次に、所持品検査は職務質問の際に対象者の持ち物を確認する行為です。法律上の根拠規定がありませんが、広く行われています。

職務質問や所持品検査は、違法薬物の所持などを疑われて行われることがあります。

2 職務質問・所持品検査の実情

職務質問や所持品検査に応じるか否かは任意です（警職2条3項）。しかし、現実にはこれらを拒否すると、その場で説得されたり（留置き）、腕や肩をつかんで止められる（有形力の行使）ということがあります。これらは許容されるのでしょうか。

最高裁判所は、職務質問の際に有形力を行使することを一定の要件の下で認めています。もし有形力行使が全く認められないのであれば、「犯罪の予防…」という警職法の目的（1条）が達せられないためです。もちろん、有形力行使より権利侵害の程度が小さい説得も認め

られています。

　問題はその程度であり、任意処分として「必要性・緊急性・具体的状況の下での相当性」が認められるか否かとなります。

　裁判例はもし相手方の同意が無い場合でも「必要性・緊急性・所持品検査で害される法益と保護される公共の利益の権衡を考慮の上、具体的状況の下で相当」であることが認められれば所持品検査を行うことも許容されるとしています。

　しかし、行き過ぎた所持品検査について、プライバシー侵害を認定し、国に損害賠償を命じた判決もあります。この事例は、駐車場で警察官が車内の対象者に職務質問を行い、所持品検査を求めたものですが、対象者は自動車内の検査には応じたものの、鞄だけは「大人のおもちゃ」が入っていたため拒否したところ、車両の進路をふさいでパトカーに乗るよう執拗に説得したうえで、やむなくパトカーに乗り込んだ対象者を警官3人で取り囲んで説得し、最終的に開披させたというものでした。本件では、そもそも対象者には職務質問が必要なほど不審だったとはいえず、上記のような行為を行ったことは「相当と認められる限度を逸脱した」と判示し、プライバシー侵害が認定されています。

DIRECTIONS　皆さんが職務質問・所持品検査に遭遇した場合、どうしても応じられない場合は身分を明かしたうえで、その旨をしっかりと伝えて立ち去りましょう。避けるべきことは、警官の体をつきとばしたりすることなどであり、場合によっては公務執行妨害罪（刑95条1項）で現行犯逮捕されてしまいます。あまりにも不当な職務質問の場合には、スマートフォンの録音アプリなどで録音を行うことも有効でしょう。

（弁護士　渥美陽子）

106

捜索・差押をされたら？

〔設例〕Aさんは、ソーシャルゲームに夢中になり、駅の階段で歩きスマホをしていたところ、通行人にぶつかり、通行人が階段から落ちて怪我をしてしまいました。Aさんは、慌ててその場をそのまま立ち去ってしまったのですが、駅構内の防犯カ

メラにAさんの姿が写っていたことから、ある朝警察が家にやってきて、「捜索に来ました」と言われてしまいました。拒否することはできるのでしょうか。

1 捜索・差押えについて

「捜索」「差押」は、人や物（証拠）を探し、発見して保全する手続きです。証拠隠滅や紛失を防ぐため、捜査機関が強制的に証拠物を確保します（いずれも刑訴218条）。

なお、実務上は捜索と差押えがセットにされ「捜索差押許可状」として令状が発布されます。捜索する対象も、住居、勤務先や人の身体など多岐に渡ります（刑訴219条1項参照）。このように捜索・差押は対象者の権利を侵害する重大な処分であるため、必ず裁判官が発する令状が必要です（令状主義の原則、憲35条）。

次に、家宅捜索を例に捜索の大まかな流れを説明します。まず、何らかの犯罪があった場合には捜査機関が捜査を行います。そこで、関係している人の住居に証拠品が存在すると判断した場合、それを差し押えるために捜索差押許可状を取ります。そして、対象者の在宅時に捜索が行われます。捜索を行う時間帯としては早朝が多いといわれて

います。その後、目的物を探し、差押さえます。最後に差押物のリストが渡され、立会人が押印します。

2　捜索・差押えを受けた際の注意点

万が一、皆さんが捜索の対象となった場合には、強制捜査なので拒否は出来ません。そこで、捜索を受ける側が注意すべきところを説明します。

まずは、捜査機関が呈示する令状をよく確認してください。捜査機関は、令状のコピーを渡してくれませんので、注意が必要です。特に被疑事実と差し押えるべきものの項目を理解することが重要です。どのような被疑事実で捜索が入ったのかということを理解することで、今後の対応方針を立てやすくなります。

捜索差押は早朝から行われることが多いのですが、朝早くに捜査機関がやってきて驚いてしまい、思わず心当たりのあるデータを消したり隠したりしようとしてしまうという話を聞きますが、これはやってはいけません。このような「罪証隠滅」行為を行ってしまうと、逮捕される可能性が高まるのみならず、その後も様々な悪影響があります。焦る気持ちは分かりますが、ご家族も含め罪証隠滅行為は行わないように注意してください。

捜索差押が行われているときに弁護士を立ち合わせることができるかについて争いがあります。捜査機関による捜索差押の規定である刑訴法222条（裁判所による捜索と共通する条項を準用することを定めた規定）は、裁判所による捜索の際に弁護人立会権を保障した法113条を準用していません。よって、警察・検察の捜索の際には、弁護人立会権は明文では認められていません。しかし、捜査機関の承認を得ることができれば、立会は可能です。ただし、前述のように捜索は早朝に行われることが多いため、捜索を受ける心当たりがある場合は、事前に弁護士に相談しておくとよいでしょう。

（弁護士　渥美陽子）

107

GPS捜査って何が問題なの？

1 刑事が令状を見せている理由　よく刑事ドラマなどで、刑事が被疑者を逮捕する際に、逮捕状を突きつけるシーンが出てきます。この逮捕状は「令状」の一種であり、警察や検察が、捜査対象者の重要な権利・利益を侵害する「強制処分」を実施する場合には、現行犯逮捕といった法律上の例外を除いて、必ず事前に裁判官が発付した令状を提示しなければならないとされています。身体の自由を奪う逮捕や勾留だけでなく、財産の自由を奪う家宅捜索や押収を実施する場合にも令状が必要です。これを「令状主義」といい、日本国憲法第33条や第35条にも規定されているきわめて重要な大原則です。憲法は、捜査機関という国家権力による人権侵害を防ぐため、司法（裁判官）によるチェックを及しているのです。

　また、強制処分は、法律に定められた根拠がなくては行えないことになっています。これを「強制処分法定主義」といいます（憲31条、刑訴197条1項ただし書）。令状主義と並んで重要な大原則です。

2 強制処分と任意処分　もっとも、捜査を行う際には常に令状が必要というわけではありません。「強制処分」、すなわち捜査対象者の重要な権利・利益を侵害する処分に当たらない処分（「任意処分」）については、令状なく行うことも許されています。例えば、職務質問や任意同行といった処分がこれに該当します。任意処分はあくまで「任意」ですので、捜査対象者がこれを拒絶することも認められます。

　もっとも、任意処分の名目で行われる捜査であっても、現実的には拒絶することが困難な処分もあり、強制処分と任意処分の境界はきわめて曖昧なものになっています。

242　UNIT Ⅳ　刑事事件

実際にも、刑事裁判の中で、捜査機関が法律上の根拠や令状なく行った捜査手法が、被告人の重要な権利・利益を侵害するものであり、強制処分として違憲ないし違法であるとの主張が弁護人からなされることがあります。

3 GPS 捜査に関する最高裁判例

　窃盗事件の捜査において、警察が承諾なく自動車に GPS 端末を装着して、被疑者やその知人らの所在や移動状況を長期間にわたり把握していた事案があります。最高裁は、平成29年、令状なくして GPS 捜査を行うことは違法であると判断しました。

　その理由として、「このような捜査手法は、個人の行動を継続的、網羅的に把握することを必然的に伴うから、個人のプライバシーを侵害し得るものであり、また、そのような侵害を可能とする機器を個人の所持品に密かに装着することによって行う点において、公道上の所在を肉眼で把握したりカメラで撮影したりするような手法とは異なり、公権力による私的領域への侵入を伴うもの」であるとした上で、憲法第35条が保障する範囲について、「『住居、書類及び所持品』に限らずこれらに準ずる私的領域に『侵入』されることのない権利が含まれる」とし、GPS 捜査は法律上の根拠規定がなければ許容されない強制処分であり、令状が必要と判断したのです。

　一方、最高裁は、「被疑者らに知られず密かに行うのでなければ意味がない」といった GPS 捜査が抱える問題点も指摘し、「実施可能期間の限定、第三者の立会い、事後の通知等」といった具体的な策を明記して、立法的措置において解決されることが望ましいと判示しています（なお、事後通告等の必要性については、指宿信教授「GPS 利用捜査とその法的性質」（法律時報2015年 9 月号）などにおいても従来から主張されています）。

（弁護士　山縣敦彦）

108

逮捕・勾留されてしまった場合の流れ

〔設例〕Aさんは、ソーシャルゲームに夢中になり、駅の階段で歩きスマホをしていたところ、通行人にぶつかり、通行人が階段から落ちて怪我をしてしまいました。Aさんは、慌ててその場をそのまま立ち去ってしまったのですが、駅構内の防犯カ

メラにAさんの姿が写っていたことから、警察から出頭要請がされていたのですが、Aさんは怖くなって漫画喫茶に隠れていたところ、逮捕されてしまいました。Aさんはいつまで身柄を拘束されるのでしょうか。

1 逮捕から勾留まで

逮捕とは、被疑者の身柄を確保するための手続きです。逮捕には(1)通常逮捕(2)現行犯逮捕(3)緊急逮捕の3通りがあります。

通常逮捕は逮捕状によって被疑者を逮捕します（刑訴199条1項）。この場合、「罪を犯したと疑うに足りる相当な理由」と「逮捕の必要性」の要件が必要です。現行犯逮捕は、犯行を行っているか、あるいは行った直後の犯人を逮捕するものです（刑訴212条）。現行犯逮捕の場合、誤認逮捕の可能性が低いことから、誰でも、逮捕状なしで犯人を逮捕することができます（刑訴213条）。緊急逮捕は、一定の重大事件のときに、先に犯人を逮捕してから逮捕状を請求するものです（刑訴210条、211条）。

設例の場合は、Aさんは警察からの出頭要請を無視して漫画喫茶で逃げ隠れしていたため、逃亡のおそれがあると認められ、通常逮捕

の要件を満たしていると言えるでしょう。

　次に、逮捕された後の身柄拘束期間については、法律上厳重な制限がありますので、これを説明します。

⑴　被疑者を逮捕した警察は、48時間以内に事件を検察官に送致しなければなりません。

⑵　送致された場合、検察官が身柄を引き受けてから24時間以内かつ逮捕から72時間以内に勾留請求をするか釈放するかを決定します（刑訴205条１項、２項）。裁判所に勾留請求をすると、裁判所が、被疑者に対して勾留質問を行ったうえで、「罪を犯したと疑うに足る理由」と「住所不定、逃亡、証拠隠滅の恐れのうちいずれか１つ以上」、及び「勾留の必要性」を認めると、最長、10日間の勾留が認められます。

⑶　勾留が認められると、逮捕段階と合算して最大13日間の身柄拘束が決定します。最初の10日間の勾留期間以内に捜査が終了し、不起訴処分となれば被疑者は釈放されます（刑訴208条１項）。

⑷　また、捜査が終わらなかったときには検察官は１度だけ勾留延長を請求できます（刑訴208条２項）。この場合、さらに最長10日間の勾留延長がなされます。

　　　以上を合算すると、逮捕から起訴されるまでに最大で23日間の身体拘束が行われます（逮捕〜送検48時間、送検〜勾留請求24時間、初回勾留10日間、勾留延長10日間）。

DIRECTIONS　　　　上記のように、逮捕されてからの身柄拘束期間は場合によってさまざまです。３日程度であれば実生活への影響は限定的ですが、23日間となると、仕事や学業に影響が出ることは避けられません。そのため、可能な限り勾留や勾留の延長が行われないように弁護人が適切な防御活動を行うことで、実生活への影響を最小限にとどめる必要があります。　　　　（弁護士　渥美陽子）

109
再逮捕って何？

〔設例〕Ａさんが新聞を読むと「Ｂ容疑者を再逮捕へ。○○株式会社の詐欺事件、被害者多数」の見出しがありました。再逮捕とは何でしょうか。また、再逮捕されるのはどのような場合でしょうか。

1 再逮捕とは

「再逮捕」とは、「既に何らかの被疑事実で逮捕されている被疑者を再び逮捕すること」を指します。再逮捕の場合には、前の逮捕とは異なる被疑事実で再逮捕されることがほとんどであり、前の逮捕と同じ被疑事実で再逮捕を行うことは再捜査の必要性があり犯罪の重大性やその他の事情を考慮して逮捕の不当な蒸し返しといえないときなど例外的な場合を除き、原則として許されません（一罪一逮捕一勾留の原則）。

設例のように、被害者多数の詐欺事件の場合などには、「Ａさんに対する詐欺」で逮捕、勾留されている被疑者について、新たに被害が発覚した「Ｂさんに対する詐欺」で再逮捕する場合などが多く見られます。

もっとも、「Ａさんに対する詐欺」で逮捕勾留されている場合でも、新証拠などが発見された場合は先述の例外にあたり、「Ａさんに対する詐欺」で再逮捕もあり得るということになります。

逮捕、勾留には厳格な時間制限があることは **108** で解説したとおりですが、再逮捕となった場合には、逮捕からの23日のカウントダウンが再度行われることになります。再逮捕されるかどうかということは、再逮捕されるまでは分かりませんから、最初に逮捕された被疑事

実についてもうすぐ満期、もし起訴されたらすぐに保釈請求をしよう
と考えているような時に、検察官から起訴しましたという連絡がされ
るのと同じタイミングで、別件で再逮捕しますという連絡が行われる
と、被疑者も弁護人もガックリしてしまいます。

2　実務上の運用　このように、捜査機関が犯罪をいわば小分けにし
て被疑者を逮捕する意図は次のものが考えられま
す。

　まず、23日間の制限内で捜査を完了することが難しい事件です。例
えば、薬物事件や詐欺事件は関係者が多く居る傾向にあるため全容の
解明が困難です。

　次は、捜査機関に重い罪について逮捕・起訴できるだけの確証がな
いときに、少なくとも逮捕できる確証のある軽い罪で逮捕する場合で
す。この場合は軽い罪の取調べを利用して重い罪の解明を行います。

　ただし、これらはいずれも、いわゆる「別件逮捕」の危険をはらん
でいます。別件逮捕とは、捜査機関が調べたい事件（本件）で逮捕す
る要件を満たしていないときに、被疑者が他の犯罪を犯した（別件）
場合、方便として別件で逮捕し、本件の取調べを行うものです。

　別件逮捕については再逮捕とは異なり、別件についての司法審査し
か受けていないのに、事実上本件で逮捕したと同じ結果をもたらす点
で、司法審査を潜脱する令状主義違反との指摘があります。裁判所
も、本件と別件の関連性や、捜査にかけた時間・捜査の進展・身柄拘
束の必要性といった状況を考えて、別件を全く捜査するつもりもなか
ったのに敢えて逮捕したような場合には違法な逮捕となるとしていま
す。

（弁護士　渥美陽子）

110
起訴された後いつ拘置所から出られるの？（保釈）

〔設例〕チンピラ風の男への傷害の被疑事実で逮捕・勾留されていたA君は、正当防衛を主張していましたが、検察官は起訴をすることにしました。A君は、もうすぐ期末試験があり、試験を受けることができなければ単位を全て落としてしまいますが、裁判が終わるまで、拘置所から出ることはできないのでしょうか。

1 保釈

保釈とは、起訴後勾留中の被告人に対し、勾留を停止して身柄拘束を解放する手続きをいいます（刑訴88条以下）。

実務上は、保釈が許されるか否かというのは非常に重要です。保釈がされれば、裁判所から指定される保釈条件を守る限り、自宅で普通の生活を送ることができますし、弁護人との打ち合わせも自由にできますが、身柄が拘束されていると、裁判の打ち合わせも拘置所のアクリル板越しに行うしかないので不便です。

しかし、現状の刑事実務においては、被告人が無罪主張をしているような、弁護人との打ち合わせが必要である事件ほど、「被告人が罪を認めていないので罪証隠滅の恐れがある」として保釈が認められず、身柄の解放が長引く傾向が顕著です。このような状況は被告人の身柄を人質に取る「人質司法」であるとして批判されていますが、なかなか状況は改善していません。

2 保釈制度の内容

まず、保釈は、(1)権利保釈（刑訴89条）(2)裁量保釈（刑訴90条）(3)義務保釈（刑訴91条）の３つに分かれます。

(1)　権利保釈とは、被告人が法定の条件に当てはまらない場合に保釈を許さなければならないとする規定です。具体的には、死刑、無期もしくは短期1年以上の罪を犯したときや、被告人に（逃亡を含む）証拠隠滅の恐れがあるときや関係者に危害を加える恐れがあるときは権利保釈ができません。実務では証拠隠滅の恐れが認定されることが少なくありません。

(2)　裁量保釈とは、権利保釈ができない場合でも、裁判所の判断で許されるものです。裁量保釈の可否は、事件の内容、前科、健康状態、身元引受人の有無等を考慮して決定されます。

(3)　義務保釈は勾留が「不当に長くなった」ときには被告人を保釈する義務があるという規定です。

3　保釈されるまでの流れ

保釈請求がされると、裁判所が検察官の意見を聴きその可否を判断します（刑訴92条1項）。この際に、裁判所は「条件を附することができる」（刑訴93条3項）とされていますが、殆どは条件が付きます。具体的には、居住地の制限（逃亡防止）や、関係者への接近禁止（脅迫等の防止）があります。

次に、保釈をする場合は保釈保証金の額を裁判所が決定します。被告人が逃亡したりしないように、担保として一定のお金を裁判所に預けなければならないのです。何事もなく裁判が終了すれば、保釈保証金は返還されますが、万が一被告人が条件を破った場合は、保釈金を没取されてしまいます。そのため、保釈金の金額は、被告人が逃亡することにつき抑止力となる額に調整されます。

そして、保釈保証金の納付が確認されてから、身柄が解放されることになります。

（弁護士　渥美陽子）

111
取調べを受けることになったら？

〔設例〕A君は、サークルの飲み会で酔っぱらっていたところ、近くを通りかかったチンピラ風の男に絡まれたので、殴りつけたうえ、倒れた男を更に抑えつけるなどしていたところ、通報を受けて駆け付けた警察官によって逮捕されてしまいました。実はチンピラ風の男は刃物を持って近づいてきていたので、A君としては正当防衛を主張したいのですが、取調べで何を注意すればよいでしょうか。

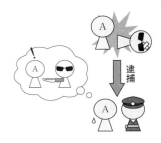

1 取調べとは

取調べとは、捜査機関が事件の関係者から事情を聴くことを言います。取調べの目的は事件の当事者などから捜査機関が直接話を聞き、真相を解明することです。取調べの結果を書面に残す必要がある場合、供述調書が作成されます。供述調書は裁判において重要な証拠になります。

任意捜査による取調べについては、その方法や態様が多岐にわたるため、以下では逮捕された場合の取調べを念頭に説明します。

まず、逮捕された場合、その直後に簡単な取調べが行われます。初回の取調べの際に、黙秘権と弁護人選任権（ *102* ）が告知され（刑訴198条2項、203条2項）、(1)身上調書と(2)弁解録取書（刑訴203条1項）が作成されます。身上調書とは被疑者のプロフィールで、生年月日や出身地、経歴が記載されます。弁解録取書は、先述した刑訴法203条1項が逮捕された被疑者に「弁明の機会の付与」を義務付けていることから、作成されます。内容は、簡単な事件の内容とそれに対する認否となります。身上調書と弁解録取書も「供述調書」になります。

その後、勾留されるか釈放されるかが決まります。勾留された場合は最長20日間取調べが続きます。釈放された場合は必要なときに警察や検察に呼び出されて取調べを受けることになります（ *108* ）。

いずれの場合も、取調べで被疑者が話した内容は供述調書に記載されます。被疑者には「黙秘権」があり、話したくないことは話さなくて構いません。

しかし、密室で捜査官と向き合い取調べを受けることによる精神的な負担は大きく、今でも冤罪が生まれる原因になっています。例えば、2012年の有名な「PC遠隔操作事件」では4人が誤認逮捕されましたが、うち2人は無実にもかかわらず、具体的な「犯行」を自白させられました。

冤罪を防ぐためにも、逮捕された場合には一刻も早く弁護士に相談してアドバイスを受けるべきです。

特に、設例のように、正当防衛を主張したいなど特別な事情がある場合には、安易に自白をしてしまうと、裁判になった場合に大変な不利益を被ることになりますから、弁護士と相談するまでは黙秘をするといった対応も考えられるところです。

3　供述調書の注意点

取調べが終わると、最後に供述調書への署名・押印を求められます。これは、供述調書を裁判で証拠とするために必要だからです。そして、この署名・押印は義務ではありません（刑訴198条4項、5項）。被疑者は調書に間違いがあれば訂正・削除させる権利がありますし、署名・押印しなくてもそれだけで不利になることはありません。

裁判になった場合に自白調書の内容を争うことも可能ですが、困難です。ゆえに、わずかな違いでも妥協せず、正しいと思うことを記載させる必要があります。

（弁護士　渥美陽子）

112
身柄拘束を受けない刑事事件（在宅事件）

〔設例〕Aさんは、駅の階段でうっかり通行人にぶつかり、通行人が階段から落ちて怪我をしてしまいました。Aさんは、その場で身分を明かして、不注意を謝りましたが、相手が激怒して警察に告訴状を出したため、警察からAさんを過失傷害の容疑で取調べると連絡が来ました。Aさんはどのような点について注意すべきでしょうか。

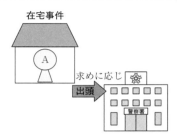

1 在宅事件とは

よくイメージされる刑事事件の光景は、「逮捕されて檻に入る」というものかと思います。

しかし、刑事事件＝逮捕という図式は必ずしも成り立たず、身柄を拘束されずに刑事手続が進行する事件があります。これを「在宅事件」といいます。逆に、身柄拘束される事件を「身柄事件」といいます。

一定の軽微な犯罪は在宅事件となることが原則です。逮捕状による逮捕の要件を定めた刑訴法199条1項但書は「30万円以下の……罰金、拘留又は科料に当たる罪については、被疑者が定まった住居を有しない場合……正当な理由なく出頭の求めに応じない場合に限」り逮捕できるとしています。

また、より重い事件でも、逃亡や証拠隠滅の恐れが無いと認められる場合には逮捕されないことがあります。

設例の過失傷害罪は「30万円以下の罰金または科料」（刑209条1項）ですから、Aさんに定まった住居があり、出頭の求めに誠実に応じ

ていれば逮捕されることはないと言えるでしょう。

2　在宅事件の捜査

まず、在宅事件では逮捕がなく、被疑者は警察の求めに応じて出頭して取調べを受けますから、取調べが無い日は通常の生活を送ることができます。

捜査の結果、原則として事件は警察から検察へ送致されます（刑訴246条本文）。在宅事件では被疑者の身柄は送致されません。このことを一般に「書類送検」といいます。

書類送検されたあと、被疑者は検察官の取調べを受けますが、在宅事件の場合は出頭場所が警察署から検察庁へと変わるだけです。

その結果、検察官が起訴相当と判断すれば起訴され、不起訴相当と判断すれば不起訴処分が下ります。この点は通常の身柄事件と同じです。

また、場合により通常の起訴ではなく略式起訴や即決裁判という形式の裁判が行われることがあります。この点は別に解説（ **114** ）します。

3　在宅事件の注意点

在宅事件では身柄の拘束がないため、起訴以前の段階では国選弁護人をつけることができません。そのため、自力で防御活動を行うか、私選弁護人に依頼することになります。取調べ段階で作成された調書や被害者との示談交渉の結果が後の処分を左右することがありますが、被疑者自ら適切な防御活動を行うのは難易度が高いため早期に私選弁護人をつけるべきでしょう。特に、設例の事案のように、親告罪（被害者が告訴しないと処罰されない犯罪）で被害者が存在する事件では、示談の成立が非常に重要な意味を持ちます。

また、出頭を拒否すると、逃亡のおそれや正当な理由のない不出頭が認定されて逮捕される恐れがありますので、出来るだけ応じるべきです。

（弁護士　渥美陽子）

113

刑事裁判では何が行われているの？

0　刑事裁判を定めた法　刑事裁判の大まかな流れについては、「刑事訴訟法」という法律に定められています。さらに、刑事訴訟法には定めきれない細かなルールについては、最高裁判所が定めた「刑事訴訟規則」にも規定があります。

　以下、刑事裁判の流れを時系列に沿って見ていきましょう。

1　第1公判期日前　捜査の結果、検察官において起訴すべきであるとの判断に至った場合には、検察官は被告人や公訴事実（罪とされる事実）が記載された起訴状を裁判所に提出します（公訴提起）。裁判所は起訴状の謄本を被告人に送ります。「被疑者」（「容疑者」というのは法律用語ではありません）は、起訴により「被告人」と呼ばれ方が変わります。なお、民事裁判のことを指して、「公訴」や「公判」と呼ぶことはありませんし、ニュースでよく見る「被告」という呼び方は、民事裁判において訴えられた人を指す言葉であり、刑事裁判において使用するのは不正確です。

　裁判官は、第1回公判期日が開かれるまでの間、被疑事実が簡潔に記載された起訴状しか見ることを許されません。細かな事実経緯や証拠は第1回公判期日以降に、初めて裁判官の目に触れるのです（起訴状一本主義）。裁判官の予断を排除するためにこのような措置がとられています。

　なお、複雑な事案や否認事件などでは、争点を明確にし、審理の充実・迅速化を図るため、公判前整理手続がとられることもあります（裁判員裁判では全件が対象）。公判前整理手続においては、裁判官、検察官及び弁護人により、原則非公開で審理計画に関する協議が行われます。この協議には被告人も出頭できます。

254　UNIT Ⅳ　刑事事件

2 公判当日

(1) 冒頭手続 第1回公判手続において最初に行われるのが冒頭手続です。

まず、裁判官から被告人の氏名や住所等を尋ねられ（人定質問）、黙秘権の告知がなされます。次に、検察官により公訴事実、罪名及び罰条が記載された起訴状が朗読され、裁判官から被告人と弁護人に対し、起訴状記載の公訴事実について認めるか争うかの確認がなされます。これに対し、被告人と弁護人からは、全部認めます、全部争います、一部事実ではないところがありますなどといった「罪状認否」がなされます。

(2) 証拠調手続 罪状認否が終わると、検察官による「冒頭陳述」が行われます。これは、検察官が証拠によって証明する事実（ストーリー）を語るものです。冒頭陳述が終わると、検察官は上記事実を裏付ける証拠を裁判所に見てもらうため、証拠調請求を行います。刑事裁判では、証拠がほぼ無制限に採用される民事裁判とは異なり、証拠に関する厳しいルールが定められており、弁護人が証拠とすることに同意したものや、作成について特別に信用性が認められる場合（例えば専門家の鑑定書や、公務員が公務に基づき作成する書類）に限り、証拠能力が認められ、裁判官の目に触れることになっています。そして、裁判官は、証拠裁判主義の大原則により、証拠や経験則に基づかない単なる憶測や思い込みによる事実認定をしてはならないことになっています。

この証拠には、ナイフ、日記帳、録音テープといった物的証拠だけでなく、供述調書や法廷証言といった供述証拠も含まれます。これらの証拠により、裁判所はたった1つの「事実」を認定するのです。みなさんもおわかりの通り、裁判所が認定した「事実」が必ずしも真実とは限りません。裁判官も犯罪の現場を直接目にしているわけではないからです。この結果生まれてしまう悲劇が「冤罪」なのです。

113 刑事裁判では何が行われているの？ 255

刑事裁判では、目撃者や被告人の家族等から話を聞く「証人尋問」と被告人本人から話を聞く「被告人質問」があります。なお、現在の我が国の民事裁判においては尋問が行われない例も多々ありますが、刑事裁判においては小規模な事件でもほぼ被告人質問は必ず行われているのが実態です。

　検察側の立証が終わると、次は弁護側の立証に移ります。被告人が公訴事実を争わない「自白事件」においては、弁護人側の冒頭陳述は行われないことが通常ですが、被告人が犯人ではない（犯人は別にいる）又は罪を犯していないと主張する「否認事件」では弁護人側も冒頭陳述を行うことがあります。弁護側の立証にも、検察官の立証と同様、証拠に関する厳しいルールや手続きが適用されます。弁護側の立証としては、否認事件ではアリバイなど被告人が有罪であると考えると矛盾するような物的証拠や目撃証人を出したり、自白事件では量刑を軽くするため、被害者との示談書や被告人の家族や上司などに情状証人として出廷してもらうなど、立証に工夫を凝らすことになります。

　(3)　**論告求刑・弁論**　　検察側・弁護側の立証が終わると、まず、検察官が、証拠調べの結果を踏まえて、犯罪の立証ができたことを裁判所に説明する「論告」を行います。ニュースなどではよく「論告・求刑」と言われますが、検察官が最後に「懲役○年が相当」といった量刑に関する意見を述べることは法律上の要請ではなく、慣例として行われているものです。

　これに対し、弁護人からは、証拠調べの結果によっても、犯罪の立証はされていないこと（「否認事件」の場合）や、犯罪の成立自体は争わないものの、量刑を軽くしてもらうため被告人に有利な情状を訴える（「自白事件」の場合）ために、「弁論」を行います。さらに、被告人本人も、裁判所に意見や気持ちを述べる「最終陳述」を行うこともできます。

256　　UNIT Ⅳ　刑事事件

⑷ **判決言渡し・上訴**　裁判所は、裁判に提出された全証拠と検察側・弁護側の意見を踏まえて、判決を言い渡します。判決に不服のある当事者（被告人・検察官）は、法定期間内に上級裁判所に上訴（「控訴」・「上告」）をすることができます。

また、きわめて例外的ではありますが、判決確定後であっても、新証拠が見つかった場合などには「再審請求」という制度も用意されています。

3　傍聴のススメ　刑事裁判の流れを理解するのに最も適した方法は、実際に行われている裁判を傍聴してみることです。

刑事裁判は民事裁判とは異なり、1回の裁判で判決言渡しの手前まで一気に行われることがほとんどですので、裁判所に何回も足を運ばずとも、比較的に簡単に刑事裁判の流れを知ることができます。

（弁護士　山縣敦彦）

114
簡易公判・即決裁判・略式手続って何？

〔設例〕Ａさんは、駅の階段でうっかり通行人にぶつかり、通行人が階段から落ちて怪我をしてしまいました。Ａさんは、その場で身分を明かして、不注意を謝りましたが、相手が激怒して警察に告訴状を出したため、Ａさんは書類送検され、検察官の取調べを受けていました。その際に、Ａさんは検察官から「この事件は略式手続で処理しようと思いますが、同意しますか？」と聞かれました。Ａさんの手続きはどのような流れになるのでしょうか。

1　簡略化した手続

警察から被疑者の送致を受けた検察官は、24時間以内に勾留を請求するか釈放するかを決定します。検察官からの勾留請求を受けた裁判所が勾留を決めた場合、そこから起訴まで最長20日間にわたり勾留が行われ、原則として満期日に検察官が起訴をするか、不起訴処分とするか決定します。

通常の刑事裁判は、手続きが複雑で時間もかかります。そこで刑事訴訟法は一定の軽微な事件かつ、被告人が罪を認めている事件においては特別に簡略化した裁判手続を行うことを認めています。表題の簡易公判手続、即決裁判手続、略式手続が、簡易な裁判手続きとなります。

2　各手続の概要

簡易公判手続は、起訴した後の冒頭手続（裁判の最初にある手続）で被告人が有罪を認めたときに行える手続きです（刑訴291条の2）。死刑、無期または1年以上の懲役に該当する事件では行うことが出来ません。簡易公判手続によって、証拠調べに関する規制が緩やかになります。

次の即決裁判と略式手続は、検察官が起訴をする際に裁判所に申立てる手続きです。

　即決裁判は、弁護人が付いている場合で、かつ被疑者が同意しているときに検察官が起訴状に記載する形式で申立てます（刑訴350条の2以降）。即決裁判でも証拠調べの規制が緩やかになるほか、簡易公判手続より簡潔に終了することが前提で、起訴から原則2週間以内、1回の公判で判決が下されます。

　即決裁判になった場合、被告人は事実誤認を理由として控訴することができなくなりますが、必ず執行猶予がつけられます。

　現在最もよく利用されるものが略式手続（刑訴461条以下）です。略式手続はさらに簡略化された手続きになっています。

　まず、略式手続では法廷で審理を行わず、書面上で行うため、被告人が裁判所に出頭する必要がありません。

　一方で、被告人に保障された、「公開の法廷で裁判を受ける権利（憲82条）」を奪うものであるため(1)被疑者が同意し(2)簡易裁判所が管轄する軽微な事件で(3)100万円以下の罰金を課す場合の3要件を満たしたときのみ略式手続によって判決を下すことが可能です。また、略式手続によって下された判決に対して不服がある場合、判決から14日以内であれば正式裁判の請求が可能です。

DIRECTIONS　設問の場合、過失傷害罪は30万円以下の罰金または科料（刑209条1項）という軽微な事件であるため、検察官としては最も簡潔な略式手続を行いたいと考えています。

　Aさんからすると、略式手続は簡単な手続きである反面、有罪であることが確定し、前科がついてしまうため、熟考する必要があります。十分に弁護士に相談してから決定したほうがよいでしょう。

（弁護士　渥美陽子）

115
判決にはどんな種類があるの？

1　判決・決定とは　　裁判所は、検察官が起訴状に記載した公訴事実が認められるかにつき、検察側・弁護側双方から提出された証拠をもとに判断を下します。

民事裁判では、原告の請求を認める判決＝「認容判決」（請求の一部のみを認める判決を「一部認容判決」といいます）、原告の請求を全部認めない判決＝「棄却判決」、そもそも当該原告に訴える資格がないなど、請求自体が不適法である場合＝「却下判決」の３種類の判決があります。

なお、「判決」は、口頭弁論を経て裁判所が下す判断であるのに対し、「決定」は口頭弁論を経ずとも行うことができます。

2　刑事判決・決定の種類

(1)　有罪判決（刑事訴訟法第333条第１項）　　裁判所は、検察官による犯罪（起訴状記載の公訴事実）の証明があったと判断した場合には、有罪判決を下します。

有罪判決には、生命・身体の自由に対する制裁である死刑、懲役（１か月以上20年以下の有期又は無期）、禁錮（懲役と異なり、刑務所内での労働を課さないもの）、拘留、さらに財産に対する制裁である罰金、科料、没収があります。

ここで、犯罪の悪質性、被害回復の有無、被告人の生活環境といった情状を考慮して、裁判所が被告人に対する刑の言渡しと同時に、その執行を１年～５年の範囲で猶予する制度が「執行猶予」です（同条第２項）。

執行猶予を付けることができるのは、３年以下の懲役若しくは禁

260　UNIT Ⅳ　刑事事件

錮、又は50万円以下の罰金を言い渡す場合のみです（刑25条１項。なお、罰金刑の執行猶予は運用上ほとんどありません）。

執行猶予はあくまで刑の執行を「猶予」するだけですから、執行猶予期間中にさらに罪を犯し、禁錮以上の刑に処せられてしまった場合（当然のことながら、交通事故による過失運転致傷等も犯罪です）には、執行猶予が取り消され、前の刑と新たな刑を合算して服役等をしなければなりません。

(2) **無罪判決**（刑事訴訟法第336条）　そもそも公訴事実が罪にならないとき、又は検察官の立証活動によっても犯罪の証明があったとまではいえない場合（弁護人によるアリバイ等の立証活動により、被告人が罪を犯したことにつき合理的な疑いが生じた場合も含みます）、裁判所は「被告人は無罪。」と宣言します。「冤罪」が晴れる瞬間です。

無罪判決に対して検察官による控訴を認めない国もありますが、残念ながら我が国では認められており、実際にも行われています。

(3) **公訴棄却**（同法第338条、第339条）　裁判中に被告人が死亡したり、検察官による公訴提起の手続きに違法があったなど、形式的な訴訟条件を欠くと判断された場合には、判決又は決定により、公訴棄却として裁判が打ち切られます。

(4) **免訴**（同法第337条）・**管轄違い**（同法第329条）　実務上ほとんどありませんが、公訴時効の完成（同法第250条）等により免訴判決が下されたり、起訴した裁判所に管轄がない場合には管轄違いの判決が下されます。

（弁護士　山縣敦彦）

116

裁判員裁判ってなんであるんですか？

〔設例〕二十歳になりました。裁判員に選ばれることもあるんだぞと言われましたが、面倒です。なんでそんなものがあるのでしょうか。

1 裁判員裁判とは？

裁判員裁判とは、国民の中から選任された裁判員が裁判官と共に刑事訴訟手続に関与する制度です（裁判員1条）。原則として裁判員6人と裁判官3人で、一緒に刑事裁判の審理に出席し、証拠調べや検察官と弁護人の主張を聞いた上で、評議を行い、判決を宣告します。裁判員は、有罪か無罪かについても、有罪の場合はどんな刑罰が妥当かも、両方の判断にかかわります。2009年5月から始まった比較的新しい制度です。

2 なんでこんな制度ができた？

裁判員法1条には、国民が刑事手続きに参加することが、「司法に対する国民の理解の増進とその信頼の向上に資する」と書いてあります。これを裁判所が説明しているところによると、「専門的な正確さを重視する余り審理や判決が国民にとって理解しにくいものであったり、一部の事件とはいえ、審理に長期間を要する事件があったりして、そのため、刑事裁判は近寄りがたいという印象を与えてきた面もあったと考えられます。（略）そこで、この度の司法制度改革の中で、国民の司法参加の制度の導入が検討され、裁判官と国民から選ばれた裁判員が、それぞれの知識経験を生かしつつ一緒に判断すること（略）により、より国民の理解しやすい裁判を実現することができるとの考えのもとに裁判員制度が提案されたのです。」(http://www.saibanin.courts.go.jp/qa/c1_1.html) ということです。

これに対して、弁護士会では、「裁判内容に国民の健全な社会常識を反映する」のが裁判員制度の目的だと説明しています（https://niben.jp/saibanin/index.html）。

裁判所の方は、裁判所のやってきたことは間違っていなかったけれど、わかりにくいので国民にもっと参加してもらって国民の信頼を得ようというニュアンスが強いのに対し、弁護士会の説明は裁判所が間違っている可能性もあるので、国民の常識を反映させてほしいと願っているようにも読めます。みなさんは、国民が参加することによって、どのような効果を期待するでしょうか。

3 国民が裁判に参加するのは普通？

実は、いろんな国で国民が裁判に関与する手続きはあります。例えば、アメリカなどでは、裁判を受ける側が（国家権力による裁判ではなく）国民から選ばれた陪審員による裁判を受ける権利が人権として憲法で保障されています。職業裁判官以外に裁判を任せて大丈夫かという議論がある日本とは真逆の考え方ですね。

アメリカなどで採用されている陪審制度は、裁判員制度と少し異なり、有罪かどうかは陪審員が決め、有罪の場合にどのような刑にするかを裁判官が決めるものです。実は、戦前・戦後の日本にも陪審制度がありました。

このほかに参審制と呼ばれる制度を採用している国もあります。こちらは、日本の裁判員制度同様、国民の中から選ばれた人が裁判官と一緒に有罪か無罪かと量刑を一緒に判断します。ただ、事件ごとではなく、任期ごとで選ばれます。ドイツ・イタリア・フランスなどで採用されています。

（弁護士　塩川泰子）

117

裁判員裁判ってどういう手続きになりますか？

〔設例〕二十歳になりました！裁判員裁判に呼ばれる可能性があるんですよね？学校で習った記憶はあるのですが、当時はあまりリアリティが感じられなくて忘れてしまいました。改めて、どんなふうに選ばれて、何をしなくちゃいけないか、教えてください。

1　裁判員に選ばれる可能性がある人は？

裁判員に選ばれる可能性があるのは、「衆議院議員の選挙権を有する者」（裁判員13条）と定められており、選挙権年齢の引き下げにより、18歳に引き下げられる可能性があります。ただ、法務省は、現状、20歳以上から選任するとしています（http://law.e-gov.go.jp/htmldata/H16/H16HO063.html）。

禁錮以上の刑を受けた人など、欠格事由がある人は、裁判員になれません（裁判員14条）。また、現役国会議員や司法関係者なども裁判員にはなれません（裁判員15条）。

裁判員になれる人の中から、翌年の裁判員候補者となる人を毎年くじで選び、裁判所ごとに裁判員候補者名簿が作られます。名簿に載った人へ名簿に載ったことの通知とともに裁判員になれない上記のような事情があるかについて、調査票が送られます。

その後、裁判員対象事件が生じたら、その名簿中からさらにくじで選ばれた者が、候補者として裁判所に呼び出されます。裁判員候補者名簿に載っている人でも、事件に関係のある人はその事件については裁判員になることができません（裁判員17条）し、70歳以上の人・学

生・病気中の人など一定の事由がある人は辞退をすることができ（裁判員16条）、実際に裁判員になってもらえるかわからないので、多めに呼び出されます。裁判所の説明によれば、事案によって異なるそうですが、4日以内で終わりそうな事件であれば、1件につき、70名くらい呼び出されるそうです（http://www.saibanin.courts.go.jp/qa/c3_15.html）。

2 どんな場合に裁判員が呼ばれる？

裁判員裁判の対象事件は、一定の重大な犯罪であり、例えば、殺人罪、強盗致死傷罪、現住建造物等放火罪、身代金目的誘拐罪、危険運転致死罪などです（裁判員2条）。裁判員裁判は、地方裁判所で行われる刑事事件が対象になり、刑事裁判の控訴審・上告審や民事事件、少年審判等は裁判員裁判の対象にはなりません。

ただし、被告人の言動等により、裁判員やその家族に危害が加えられたり、生活の平穏が著しく侵害されたりするおそれがあり、裁判員の参加が非常に難しいような事件等は、対象外になります（裁判員3条）。

3 呼び出された後は？

具体的な事件について、選ばれたら、まず裁判所に来てほしい日や質問票が送られてきます。ここで、裁判員になることにより生じる支障があるかなども聞かれます。呼び出された日に行くのは義務とされており、理由なく拒むことは、制裁の対象にもなります（裁判員112条）。

裁判所に行くと、裁判長から、事件との利害関係がないか、辞退を希望する場合にはその理由などについて質問され、最終的には、くじにより裁判員と補充裁判員を決定します。裁判員に選ばれた人は、裁判官と一緒に有罪か無罪かということや有罪の場合の量刑を考えます。補充裁判員は、一緒に裁判に立ち会いますが、裁判員が何らかの事情により途中で辞任することにならない限り、評議には参加しません。

（弁護士　塩川泰子）

118
検察審査会ってなに？

〔設例〕Aさんは国会議員の事務所でのインターンシップに応募し、アルバイトとして働きました。その際、国会議員の先生から肉体関係を迫られ、もし断るならAさんの内定先に告げ口すると脅され、無理に肉体関係を持ってしまいました。友人に相談したAさんはこの件を警察に告訴しましたが、検察からは捜査の結果不起訴処分にしたとの連絡がきました。
Aさんはこの検察の処分に全く納得がいきませんが、何か手立てはないのでしょうか。

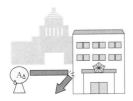

1　検察審査会とは

刑事裁判を起こすかどうかを決めるのは「公益の代表者」たる検察官のみとされています（起訴独占主義）。しかし、検察官も国家権力である以上、常に正しい判断ができるかといえば、その保証はどこにもありません。決してあってはならないことですが、政治の圧力により本来刑事裁判にかけるべき被疑者に目を瞑ってしまうことが現実に起こるかもしれません。また、そこまで行かなくとも、不十分な捜査の結果、検察が有罪を立証するに十分な証拠を収集できず、起訴を断念することも起こりえます。このような場合に、常に刑事裁判を開くことができないとすれば、正義が実現されないことになりかねません。

このような場合に、起訴・不起訴の判断に国民の民意を反映させ、公権力の適正な運用を図る制度が検察審査会制度です。具体的には、国民の中からくじで選ばれた11名の検察審査員が事件記録を国民の視点から精査し、検察官による不起訴処分の是非を審査します。その

際、法律上の問題点については、専門家である補助審査員（弁護士）に助言を求めることもできます。審査の結果、検察審査会は、不起訴としたことは正しかった（不起訴相当）、起訴すべきであった（起訴相当）、又は不起訴としたことは不当であった（不起訴不当）といった議決を行い、「起訴相当」又は「不起訴不当」との議決がされた場合には、検察官は再度事件を検討することになります。

検察審査会が「起訴相当」の議決をした後、検察官が再び不起訴処分をした場合には、検察審査会が再度審査を行い、その結果、起訴すべきとの議決（起訴議決）をした場合には、裁判所が検察官役を務める指定弁護士を選任した上で、指定弁護士が検察官に代わって起訴することになります（強制起訴）。一方、検察審査会が「不起訴不当」の議決をした場合には、その後検察官が再度不起訴処分をしても、強制起訴とはならずに事件は終了します。

2　実際の運用

裁判所ウェブサイトによれば、これまでに全国の検察審査会が審査をした事件数は約17万件にものぼり、検察審査会の議決により検察官が事件を見直した結果、起訴に至ったケースも約1,500件あるとされています。

さらに、日本弁護士連合会が策定した平成28年9月15日付「検察審査会制度の運用改善及び制度改革を求める意見書」によれば、これまでに全国（兵庫、東京、沖縄、徳島、鹿児島、長野）で9件につき起訴議決による強制起訴がされ、検察官起訴の事件と比較して無罪率が高いことも指摘されています。

検察審査会制度は、裁判員裁判制度と並んで国民参加の制度の一つとして重要な意義を有している反面、非公開審査とされていることから審査の透明性に問題があるとする指摘や、多数決による「理由なき起訴」の危険性に関する指摘もされているところです。

（弁護士　山縣敦彦）

119

未成年者が罪を犯すとどうなる？

〔設例〕A君の弟であるB君は中学2年生（13歳）ですが、カラオケボックスで店員と口論になった際、その店員を殴ってしまいました。B君は野球をやっていて体が大きかったこともあって、その店員は大怪我をしてしまったため、店長は110番通報をしました。
B君は成人と同じように裁判にかけられ、処罰されてしまうのでしょうか。

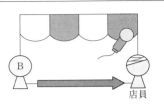

1　少年犯罪と少年法

刑事法令の基本法である刑法の第41条（責任年齢）には、「14歳に満たない者の行為は、罰しない。」とありますので、設例のB君の行為は不問に付されるのでしょうか。もちろん、そんなことはありません。

少年法第1条には、「この法律は、少年の健全な育成を期し、非行のある少年に対して性格の矯正及び環境の調整に関する保護処分を行うとともに、少年の刑事事件について特別の措置を講ずることを目的とする。」と定められており、少年の矯正・保護のため、成人の事件とは異なる取扱いをするとされており、14歳未満の少年犯罪も同法により適切な措置がとられます。

少年法にいう「少年」とは、20歳未満の男女のことをいいます（少2条1項）。少年には3種類あり、14歳以上20歳未満で罪を犯した少年を「犯罪少年」（少3条1項1号）、14歳未満で刑罰法令に触れる行為をした少年を「触法少年」（同2号）、保護者への抵抗や不良交際等により、将来、罪を犯し、又は刑罰法令に触れる行為をするおそれのある

少年を「ぐ犯少年」(同3号) といいます。

　平成28年版犯罪白書によれば、平成27年に検挙された少年の数は、65,950人、同年の成人を含めた全検挙数の約8.5％を占めています。罪名別では、万引きをはじめとする「窃盗」(29,413人) が最も多く、次いで車やバイク等による「過失運転致死傷等」(17,200人)、置き引きをはじめとする「遺失物等横領」(6,271人)、「傷害」(3,571人) と続きます。

2　家庭裁判所の審判

犯罪少年については、犯罪の種類に応じて、家庭裁判所又は検察官に送致されます。また、設例のB君のような触法少年や14歳未満のぐ犯少年の場合、児童福祉法上の措置が優先され、都道府県の児童相談所や福祉事務所において家庭裁判所に送致することが適切かどうかの判断がなされます。

　事件が家庭裁判所に送致された場合、家庭裁判所は、必要に応じて、家裁調査官による調査や少年鑑別所送致などの観護措置などを経て、審判不開始又は審判開始の決定をします。

　家庭裁判所の審判が開始された場合、審判は原則非公開で行われ、審判の結果、「保護観察」、「児童自立支援施設又は児童養護施設送致」(18歳未満の少年に限ります)、「少年院送致」(おおむね12歳以上の少年に限ります) といった保護処分がなされるか、保護処分に付することができない、又はその必要がないと認められたときは不処分の決定がなされます。児童福祉法上の措置が相当であると判断された場合には、都道府県知事や児童相談所長に事件が送致されることもあります。

　一方、殺人罪等の重大犯罪については、家庭裁判所は事件を検察官に送致し (16歳以上の少年による重大犯罪などについては、原則として検察官送致が義務付けられることもあります＝「原則逆送」といいます)、成人と同様、検察官が起訴するか否かの判断を行うことになります。

(弁護士　山縣敦彦)

_120_
犯罪被害に遭った損害賠償は？

〔設例〕酔っ払いに執拗に絡まれて、殴られた挙句、ケガをしました。犯人は捕まったと聞きましたし、待っていたら損害賠償を受けられますか？

1 犯罪被害と損害賠償

*97*の解説にあるとおり、民事手続と刑事手続は、本質的に目的が違います。刑事手続は、ある人がある犯罪を行ったかどうかを判断し、その犯罪を行ったと認められる場合は、どのような罰を課すのが適切かを判断する手続きであり、被害に遭った人がその人の権利を回復するのは、民事手続になります。

被害に遭った人は、犯人に対し、不法行為に基づく損害賠償請求を行えますが、本来民事訴訟という別の手続きになります。

しかし、実務では、逮捕されてから起訴されるまでの間を中心に、弁護人を通じて示談を打診されることが多くあります。

2 示談はどうやって行われるの？

弁護人は被疑者の意志に反したことはできませんが、被疑者のための弁護活動の一環として、犯罪をしたことが事実なのであれば、賠償をした方がいいと勧めます。そのうえで、被疑者が示談の申し出をしたいということであれば、捜査機関を通じて、被害者に示談の提案をさせてもらっていいかを確認してもらいます。被害者によっては、示談を提案されることすら苦痛である場合もあるので、捜査機関も確認せずに連絡をとれるよう取り計らうことはありません。この段階で、連絡方法を指定することもできます。

提案内容は、被疑者自体がお金を本当にもっていない場合もあるの

で、事案にもよりけりですが、この段階で被疑者の側からしてみると、示談をがんばれば、もしかしたら起訴されないかもしれないというプレッシャーが働くことがあります。実際、示談により不起訴になったり、起訴されても有利な情状として使われることはあります。そのこと自体をどう思うかは、被害者の自由であり、そのようなプレッシャー（下心？）の下に出された提案は飲めないと突っぱねることも、それを利用して自分に有利な示談をするよう交渉することも、自由です。また、起訴前に示談が成立せず、裁判中に同時並行して示談交渉を続けることもあります。たいていの場合は、判決前までに示談成立を目指します。実務上、早期解決を望む人が多く、その場で支払える額で示談することが多いですが、後日の支払になる場合、刑事手続上の公判調書に示談の内容を記載してもらうと、判決と同じ執行力が生じます（犯罪被害保護19条）。

3 示談が成立しなかったら？　示談が成立しない場合、犯人が任意に支払わない以上は、裁判手続をとらないと被害回復をできません。ただ、せっかく刑事裁判をしたのに、民事裁判を起こさなければいけないのは、被害者にとって負担ですし、裁判所からしても二度手間です。そこで、一定の犯罪類型については、損害賠償命令というものがあります。

　自力で民事裁判を起こす場合、その人が犯罪をしたということと、自分の被害を証明しなければいけませんが、刑事裁判手続中に、この損害賠償命令の申立をすると、刑事裁判に決着がついた後、その担当裁判官が損害賠償についても判断してくれるため、その人が犯罪をしたという点は、証明する必要がなくなります。

　設例では、傷害罪が問題になるところ、傷害罪は、損害賠償命令制度の対象になっている（犯罪被害保護23条）ので、この制度を利用することが可能です。

（弁護士　塩川泰子）

121
被害に遭ったけど、刑事手続にするのは大変？

〔設例〕性犯罪被害に遭いました。告訴したいと考えてはいるのですが、ちょっと怖いです。公開の法廷で証言するなど、想像しただけでもつらいです。刑事手続にするのはあきらめた方がいいのでしょうか？

1 被害者と刑事手続き

日本をはじめとする多くの国で、私刑は禁止されており、犯罪が行われた場合、それを捜査・起訴するのは警察・検察、裁くのは裁判所であり、被害者は一番の証人という程度の役割を担うに過ぎないといえます。

しかし、被害者は、被害を原因とする経済的・精神的負担、刑事手続のための情報提供に対する負担、プライバシーの侵害や多くの人に知られることによる二次被害等、様々な負担を強いられていることが認識されるようになってきました。

2 精神的負担を軽減する方法は？

設例のように、まず警察に届け出る前段階で不安を覚える被害者も多くいるかと思います。確かに、捜査をしてもらうには、被害のことをきちんと伝えるしかなく、思い出すのもつらい被害者にとっては負担であろうと思います。しかし、捜査機関も、被害者の説明なくして犯罪の全体像を把握するのは困難である一方で、どの被害者もつらい思いをして来られていることは理解しているので、被害者への配慮は心がけているはずです。

また、実務上、被害者が公開の法廷で証言しなければいけないのは、一部の否認事件のみであって、件数としては多くありません。事

実関係に争いのない事件では、被害者に証言を求めずに被害者の調書だけで立証していいと被告人や弁護人が認めるからです。

さらに、どうしても証言が必要な場合でも、証言をする場合に不安を緩和するため、証人の年齢や心身の状態等を考慮して、付添人を付き添わせることができます（刑訴157条の4）。また、被告人と面と向かうのが怖ければ、事案に応じて、遮へいといって、ついたてで被告人との間を仕切る方法もあります（刑訴157条の5）。さらに不安が大きければ、法廷外の別室でテレビモニターを介して証人尋問をする方法もあります（刑訴157条の6）。被告人の反対尋問をしにくくする可能性があるので、それぞれ必要性の度合いをかんがみながらの裁判所の判断にはなりますが、苦しんでいる被害者をさらに苦しめないようにする制度が導入され、被害者への配慮は進みました。これらは併用することも可能なので、これらの制度を利用するなどして証言することも可能になっています。

3　被害者の経済的負担を軽減するための方法は？

まず、犯人に対する損害賠償請求が考えられます。そのための手続きは、**120** にあるとおりです。

ただ、残念ながら、犯人に賠償能力があるとは限りません。少なくとも故意により生命または身体を害する犯罪の被害者には最低限の救済をしてあげなくては、ということで、犯罪被害者等給付支給法により、国が犯罪被害給付金を給付しています。

設例では、犯罪給付金制度の対象にはならない犯罪類型ですが、2でご説明したとおり、被害者を守ろうと努力していろいろな制度が導入されていますので、刑事手続にすることを過度に怖がることはありません。

（弁護士　塩川泰子）

122
被害に遭った怒りを刑事裁判でぶつけるには？

〔設例〕交通事故で結構な大けがをしたのですが、飲酒運転だった上に事故後の態度も悪かったし、一度も謝らないし、損害賠償の話もスムーズに進んでいなくて、腹立たしいです。裁判官にもこの怒りをわかってほしいのですが、何か方法はありませんか？

1 犯罪被害者の声

121 の解説にあるとおり、日本をはじめとする多くの国で、私刑は禁止されており、犯罪が行われた場合、それを捜査・起訴するのは警察・検察、裁くのは裁判所であり、被害者は一番の証人という程度の役割を担うに過ぎないといえます。

そうはいっても、その犯罪の裁き方について、被害者が最も強い関心を抱くのは当然です。復讐心と刑事手続を切り離すために被害者が刑事手続の蚊帳の外に置かれてしまい、1990年代ころからむしろ被害者のケアが足りないのではないかという問題に注目が集まるようになりました。被害者の負担を減らす手段については、*121* に紹介しているとおりですが、この設問では、被害者がどのように積極的に刑事手続にかかわることができるかという観点から、いくつかの制度を紹介したいと思います。

2 どんな手段がある？

まず、設例にあるとおり、意見を伝えたいという希望については、従来から変わらず、捜査に協力する際、自分の意見を述べることができます。また、

274　UNIT Ⅳ　刑事事件

証人として呼ばれた場合に、事実上意見を述べることもできます。さらに、2000年代に入ってから、被害者が刑事裁判に参加できる諸制度が導入されました。一定の被害者やその遺族は、申し出をすれば、裁判所の判断で、意見を陳述することができるようになりました（刑訴292条の2）し、証人尋問（刑訴316条の36）、被告人質問（刑訴316条の37）、検察官の論告後の意見陳述（刑訴316条の38）といった形で参加する道が開かれました。

　また、きちんと見届けたいという思いをいだく被害者もいるでしょう。そのような被害者を蚊帳の外におかないよう、2000年に制定された犯罪被害者保護法では、被害者からの傍聴希望に対し、裁判長は配慮しなければならないという規定が置かれました（犯罪被害保護2条）。さらに、刑事裁判の記録について閲覧謄写を原則として認めることとしました（犯罪被害保護3条）。このように、被害者の怒りを刑事裁判に反映する手段が広がってきています。

3　起訴されなかった場合については？　一方、起訴されなかった場合、**118**に出てくる検察審査会で、不起訴が正しい判断だったのか、審査してもらうことができる制度があるのですが、2000年の一連の法改正で被害者の遺族まで審査申立権が広がりました（検審2条2項）。

（弁護士　塩川泰子）

123

共謀罪・テロ等準備罪ってなに？

1 犯罪を計画をしただけで処罰される？

「共謀罪」、「テロ等準備罪」といった言葉を聞いたことがありますよね。

　刑法第60条は、「２人以上共同して犯罪を実行した者は、すべて正犯とする。」と規定しています。つまり、「共同して犯罪を実行」すれば、犯罪への関与の度合い等により量刑に差がつくことがあるとしても、みな「正犯」として等しく扱われます。

　ここで、共同して犯罪を実行した者のうち、実行行為を分担しなかった者についても、刑法第60条を適用して「正犯」として扱うというのが、判例上確立されている「共謀共同正犯」の理論です。例えば、複数名が共謀して殺人の罪を犯した場合、実際にナイフで人を刺して殺したＡが殺人罪の正犯になるのは当然ですが、Ａとともに殺人計画を立案したＢや、犯行現場で見張りをしていたＣも殺人罪の正犯として処罰される可能性があるのです。

　「共謀罪」における議論の１つには、犯罪の実行が未だなされていない段階（「共謀」のみの段階）で、捜査や処罰の対象にすることができるかという問題があります。

　この点、我が国の現行刑法においても、ごく限られた重大犯罪については、「予備」（犯罪の実行行為に至らない準備行為。刑法第201条の殺人予備罪など。）、「陰謀」（複数の者の間での犯罪の合意。同法第78条の内乱陰謀罪など。）といった犯罪の実行に着手する以前の行為についても、独立した犯罪として処罰されることになっています。

2 共謀罪が社会に与える影響

共謀罪法案はこれまで３回廃案になりましたが、平成29年３月に内閣から組織的犯罪処罰法等の改正法案が国会に提出され、成立しました。

具体的には、同法第6条の2として、「テロリズム集団その他の組織的犯罪集団による実行準備行為を伴う重大犯罪遂行の計画」が新設されました。

同法案の提出理由として、「近年における犯罪の国際化及び組織化の状況に鑑み、並びに国際的な組織犯罪の防止に関する国際連合条約の締結に伴い、テロリズム集団その他の組織的犯罪集団による実行準備行為を伴う重大犯罪遂行の計画等の行為についての処罰規定、犯罪収益規制に関する規定その他所要の規定を整備する必要がある。」と説明されています。また、法務省も、テロ等準備罪の新設理由として、「国際社会の一員として、テロを含む組織犯罪を未然に防止し、これと戦うための枠組みである国際組織犯罪防止条約（TOC条約）を締結し、国民の生命・安全を守るため」と説明しています。

テロ組織といった組織的犯罪集団に対し、国が厳しい姿勢をもって望むという目的自体に異論を唱える人はいないでしょう。しかし、正しい目的のためであれば、必要以上に強力な権限を国に持たせてもいいのでしょうか。

共謀罪の新設について激しい議論がなされている理由は、条文があいまいであることから、処罰範囲が無限定に拡大してしまうおそれがあることや、「捜査」の名目で国民のプライバシーが脅かされるおそれがあるからです。捜査機関は、テロ組織等の摘発のためとして、日常的に通信傍受その他あらゆる方法により監視を行うことが予想されますが、それにより、組織的犯罪集団とは無関係な一般市民のプライバシーまでも国に把握されてしまう、いわゆる「監視社会」になってしまうことが強く危惧されているのです。

みなさんはどう考えますか。

（弁護士　山縣敦彦）

索　引

【あ行】

青切符 ·· 119
アカハラ ··· 198
アダルトビデオ ································· 174
アルハラ（アルコールハラスメント）·· 212
遺失物等横領 ····································· 269
一気飲み ································· 210, 212
違法コンテンツのダウンロード ········ 61
威力業務妨害罪 ···································· 66
飲酒 ·· 72, 125
飲酒運転 ································· 106, 121
飲酒強要 ·· 213
インターネットオークション ··········· 52
インターネット上の詐欺 ·················· 64
インターネット選挙 ······················· 135
受け子 ·· 179
写り込み ·· 59
映画の上映 ··· 216
AV　⇒　アダルトビデオ
SNS ··························· 57, 58, 93, 195
LGBT ··· 90
冤罪 ·· 229, 255
親からの援助打ち切り ····················· 202
オレオレ詐欺 ····································· 178
オワハラ ··· 184

【か行】

解雇 ·· 168
解除 ·· 52
海賊版 ·· 62
外貌醜状 ·· 33
解約手数料 ··· 15
学祭 ·· 214
学習塾 ··· 149
学生納付特例制度 ····························· 138
学生賠償責任保険 ····························· 215
学則 ·· 192

学納金 ·· 204
過失運転致死傷等 ····························· 269
過失割合 ··· 112
ガチャ ·· 26
楽器の演奏（アパート）··················· 37
割賦販売契約 ······································· 24
カードキャッシング ·························· 22
過量販売 ······································ 10, 12
簡易公判 ··· 258
監督者責任 ··· 131
起訴猶予 ··· 229
喫煙 ·· 125
義務保釈 ··· 249
キャッチセールス ························· 8, 10
キャンセル料 ····································· 101
ギャンブル ··· 28
休憩 ·· 144
キュレーションサイト　⇒　まとめサイト
教育ローン ··· 177
恐喝罪 ·· 31
供述調書 ··· 250
強制起訴 ··· 267
強制性交等罪（刑177条）················· 72
強制捜査 ··· 236
強制わいせつ罪（刑176条）······· 73, 96
供託 ·· 43
共謀罪 ·· 276
緊急逮捕 ··· 244
禁錮 ·· 260
クビ　⇒　解雇
クーリングオフ ······················· 4-16, 51
　　消耗品の―― ······························· 9
　　ローン契約の―― ······················ 16
クレジットカード ······························ 20
携行品保険 ··· 104
警察官 ·· 230
刑事事件 ··· 222
刑事責任 ··· 130

芸能事務所‥‥‥‥‥‥‥‥‥172
競馬法‥‥‥‥‥‥‥‥‥‥‥125
景品表示法‥‥‥‥‥‥‥‥‥33
契約（未成年者の）‥‥‥‥‥128
結婚‥‥‥‥‥‥‥‥‥‥‥‥124
結婚可能年齢‥‥‥‥‥‥‥‥127
減給‥‥‥‥‥‥‥‥‥‥‥‥159
研究倫理‥‥‥‥‥‥‥‥‥‥199
現行犯逮捕‥‥‥‥‥‥‥‥‥244
健康保険‥‥‥‥‥‥‥‥‥‥171
検察官‥‥‥‥‥‥‥‥‥‥‥230
検察審査会‥‥‥‥‥‥‥‥‥266
原状回復‥‥‥‥‥‥‥‥‥‥46
権利保釈‥‥‥‥‥‥‥‥‥‥249
講義の動画・レジュメ‥‥‥‥195
交際相手からの暴力‥‥‥‥‥82
口座凍結‥‥‥‥‥‥‥‥‥‥179
公職選挙法‥‥‥‥‥‥‥‥‥134
交通違反‥‥‥‥‥‥‥‥‥‥118
交通事故の時効‥‥‥‥‥‥‥113
交通反則通告制度‥‥‥‥‥‥119
抗弁の接続‥‥‥‥‥‥‥‥‥17
国選弁護‥‥‥‥‥‥‥‥‥‥234
国選弁護人‥‥‥‥‥‥‥‥‥234
国民年金‥‥‥‥‥‥‥‥‥‥138
個人信用情報機関‥‥‥‥‥‥25
国交省ガイドライン（原状回復）‥‥47
古物の販売‥‥‥‥‥‥‥‥‥55
婚約‥‥‥‥‥‥‥‥‥‥‥‥84

【さ行】

罪刑法定主義‥‥‥‥‥‥‥‥222
再審請求‥‥‥‥‥‥‥‥‥‥257
在宅事件‥‥‥‥‥‥‥‥‥‥252
裁判員‥‥‥‥‥‥‥‥‥‥‥264
裁判員裁判‥‥‥‥‥‥‥‥‥262
裁判所法‥‥‥‥‥‥‥‥‥‥196
債務不履行責任‥‥‥‥‥‥‥102
採用面接‥‥‥‥‥‥‥‥182, 184
裁量保釈‥‥‥‥‥‥‥‥‥‥249
詐欺（インターネット）‥‥‥‥64
サークル‥‥‥‥‥‥‥‥‥‥208

酒酔い運転‥‥‥‥‥‥‥‥‥120
差押‥‥‥‥‥‥‥‥‥‥‥‥240
差押物‥‥‥‥‥‥‥‥‥‥‥240
殺人罪‥‥‥‥‥‥‥‥‥269, 276
殺人予備罪‥‥‥‥‥‥‥‥‥276
残業‥‥‥‥‥‥‥‥‥‥‥‥144
残業代‥‥‥‥‥‥‥‥‥‥‥146
参審制‥‥‥‥‥‥‥‥‥‥‥263
GPS捜査‥‥‥‥‥‥‥‥‥‥242
敷金‥‥‥‥‥‥‥‥‥‥‥‥46
死刑‥‥‥‥‥‥‥‥‥‥‥‥260
自己破産‥‥‥‥‥‥‥‥‥22, 28
私事性的画像記録の提供等による被害の防
　止に関する法律　⇒　リベンジポルノ防
　止法
示談‥‥‥‥‥‥‥‥‥‥‥‥270
執行猶予‥‥‥‥‥‥‥‥‥‥260
実質逮捕‥‥‥‥‥‥‥‥‥‥237
自転車事故‥‥‥‥‥‥‥‥‥116
児童の権利に関する条約‥‥‥‥133
児童ポルノ‥‥‥‥‥‥‥‥‥77
児童ポルノ防止法（児童買春、児童ポルノ
　に係る行為等の規制及び処罰並びに児童
　の保護等に関する法律）‥‥‥‥77
自爆営業‥‥‥‥‥‥‥‥‥‥157
シフト‥‥‥‥‥‥‥‥‥‥‥154
司法試験‥‥‥‥‥‥‥‥230, 233
JASRAC‥‥‥‥‥‥‥‥‥‥217
住民基本台帳法‥‥‥‥‥‥‥136
住民票‥‥‥‥‥‥‥‥‥‥‥136
酒気帯び運転‥‥‥‥‥‥‥‥120
塾講師‥‥‥‥‥‥‥‥‥‥‥148
準強制性交等罪（刑178条2項）‥‥72
準強制わいせつ罪（刑178条1項）‥‥73
傷害‥‥‥‥‥‥‥‥‥‥‥‥269
傷害罪（刑204条）‥‥‥‥‥‥192
奨学金‥‥‥‥‥‥‥‥‥‥‥177
証拠‥‥‥‥‥‥‥‥‥‥‥‥226
証拠裁判主義‥‥‥‥‥‥‥‥226
証人尋問‥‥‥‥‥‥‥‥‥‥256
少年法‥‥‥‥‥‥‥‥‥‥‥268
　──の対象年齢‥‥‥‥‥‥‥127

索　引　279

消費者契約法10条	47	中途解約	14
職務質問	238	懲役	260
女子高生	70, 76	著作権侵害	199
所持品検査	238	治療費	160
所得税	170	通常逮捕	244
書類送検	253	通信販売	50
自力救済の禁止	30	定期試験	155
人身事故	115	DV ⇒ ドメスティックバイオレンス	
信用情報	20	テロ等準備罪	276
推定無罪の原則	224	転出届	136
ストーカー	80	転入届	136
スマートフォン	92, 194	天引き	159, 163
性行為	73	電話勧誘販売	12
政治的活動	132	同棲	41, 84
青少年健全育成条例	70, 87	盗難	105
成人年齢	124	当番弁護	234
正当事由	45	当番弁護士	235
性風俗店	176	道路交通法	118
セクハラ	88, 152, 200	特定継続的役務提供	14, 16
窃盗	269	特定商取引法33条	18
選挙運動	132, 134	ドメスティックバイオレンス	82
選挙権	125	ドローン	218
選挙権年齢	126		
騒音	38	**【な行】**	
捜索	240		
捜索差押許可状	240	内縁	84
即決裁判	259	内定辞退	184, 186
損害賠償	52, 102	内定取消事由	186
そんぽADR	105	内乱陰謀罪	276
		なりすまし	92
【た行】		日本学生支援機構	177
		入学金	204
退職	166	任意整理	22
大麻	108	任意捜査	236
大麻取締法	108	任意同行	236
タイムカード	145	妊娠	78
立退料	45	認知	79
タバコ	164	ねずみ講	18
タレント	172	ネットワークビジネス	18
単位認定	196	年金	138
痴漢冤罪	96		
中古品の販売 ⇒ 古物の販売		**【は行】**	
中絶	78	売春防止法	176

陪審制度 ································ 263
パスポート ···························· 104
裸の写真 ···························· 74, 76
罰金（アルバイト）·············· 156, 158
パパ活 ································· 86
パワハラ（パワーハラスメント）··· 152, 198
犯罪自慢 ······························· 67
犯罪予告 ······························· 67
反則金 ································· 119
販売ノルマ ···························· 156
被害者 ···························· 270-274
被疑者国選対象 ························ 235
非現住建造物等放火罪（刑109条1項）·· 235
被告人 ································· 222
人質司法 ······························ 248
美容院 ································· 32
剽窃 ··································· 198
風俗店　⇒　性風俗店
不正ログイン ·························· 92
物損事故 ······························ 114
不法行為 ······························ 103
扶養 ··································· 171
扶養請求 ······························ 202
プライバシー ·························· 57
プライバシー侵害 ···················· 239
振り込め詐欺 ·························· 178
フリマアプリ ·························· 54
分割払い ······························· 24
ペットの飼育 ······················ 37, 38
弁護人 ································· 232
弁護人立会権 ·························· 241
弁護人選任権 ···················· 232, 250
返品制度 ······························· 51
法曹三者 ························ 230, 233
法定代理人 ···························· 128
法定労働時間 ·························· 146
訪問販売 ··························· 6, 10
法律上の争訟 ·························· 196
保護観察 ······························ 269
保釈 ··································· 248
保釈保証金 ···························· 249

【ま行】

まとめサイト ··························· 60
麻薬 ··································· 109
マルチ商法 ···························· 18
身柄事件 ······························ 252
水漏れ ································· 38
未成年者喫煙禁止法 ···················· 164
民事事件 ······························ 223
民事責任 ······························ 130
民泊 ··································· 41
民法731条 ····························· 70
無罪判決 ······························ 261
名誉毀損 ······························· 56
免責 ··································· 27
免責手続 ······························· 23
免責不許可事由 ························· 28
黙秘権 ································· 250
モデル ································· 172

【や行】

家賃の値上げ ·························· 43
有給休暇 ······························ 150
有形力の行使 ·························· 238
有罪判決 ······························ 260
有罪率99.9% ··························· 228
養育費 ································· 79

【ら行】

リベンジポルノ ····················· 76, 94
リベンジポルノ防止法 ·············· 74, 76
リボ払い ······························· 21
略式手続 ······························ 259
留学 ··································· 108
旅行業者 ······························ 100
ルームシェア ·························· 40
連鎖販売取引 ·························· 18
労災保険 ······························ 160
論告・求刑 ···························· 256

【法律事務所紹介】

弁護士法人早稲田大学リーガル・クリニック

〒169-0051　東京都新宿区西早稲田1丁目1番7号
　　　　　　早稲田大学28号館4階
電話：03-5272-8156　FAX：03-5272-8163
http://legal-clinic.mylawyer.jp

弁護士14名。法科大学院（ロースクール）のスタートに伴い、大学が設立した最初のクリニック法律事務所で、法科大学院での専門的な法律教育を実践する「法律病院」です（医学部が併設する大学医学病院と同じです）。教員（弁護士）と学生とが一緒になって応対する法律相談のほか、一般の民事事件、刑事事件、行政事件などの訴訟事件も扱っています。

弁護士法人法律事務所ヒロナカ

〒102-0083　東京都千代田区麹町2丁目4番地
　　　　　　麹町鶴屋八幡ビル5階
電話：03-3234-0507　FAX：03-3234-0508
http://www.office-hironaka.jp

弁護士6名。2004年4月に開設し、一般民事事件のほか、刑事事件、名誉毀損事件、建築紛争、医療事故などの訴訟案件を多く扱っています。さらに、他の法律事務所の弁護士の参加を得て、弁護団を形成した事件も多いです。詳細はホームページをご覧ください。

マーベリック法律事務所

〒100-0005　東京都千代田区丸の内1丁目7番12号
　　　　　　サピアタワー8階
電話：03-6273-4824　FAX：03-6273-4825
http://www.maverick-law.jp

「Maverick」とは、多勢に群れない「一匹狼」を意味しています。当事務所は、「Fighterであり続けること」をポリシーとして、「訴訟」のほか、マスメディア対応や刑事弁護等に関する豊富な経験を活かした「危機管理」を専門としています。さらに、知的財産法、エンターテインメント分野における法実務、国際取引、新たなビジネスモデルを展開するベンチャー企業の法務サポート、顧問契約・社外役員への就任依頼にも対応しています。

あつみ法律事務所

〒102-0084　東京都千代田区二番町9番地10
　　　　　　タワー麹町7階
電話：03-5357-1485　FAX：03-6800-3173
http://atsumi-law.com

一般民事事件から、金融商品取引法違反など専門知識を要する刑事弁護や、契約書の作成・レビューなどの会社の顧問業務、不動産取引、会社の危機管理対応、メディア対応など、幅広い分野を取り扱っています。また、代表弁護士が女性弁護士ということもあり離婚、異性トラブル、性犯罪などについても豊富な実績があります。

【執筆者紹介】（50音順）

渥美 陽子 （あつみ　ようこ）
　あつみ法律事務所・代表弁護士（2009年・第二東京弁護士会）
　早稲田大学法学部卒業・東京大学法科大学院修了
　西村あさひ法律事務所、法律事務所ヒロナカを経て2017年より現職。

太田 和範 （おおた　かずのり）
　弁護士法人早稲田大学リーガル・クリニック・弁護士（2010年・東京弁護士会）、早稲田大学大学院法務研究科非常勤講師（臨床法学教育〔民事、家事・ジェンダー〕）、同大学臨床法学教育研究所招聘研究員
　早稲田大学法学部卒業・同大学法科大学院修了
　都内法律事務所勤務を経て2015年より現職。

小島 秀一 （おじま　しゅういち）
　弁護士法人早稲田大学リーガル・クリニック・弁護士（2008年・東京弁護士会）、早稲田大学大学院法務研究科非常勤講師（臨床法学教育〔民事、家事・ジェンダー〕）、同大学臨床法学教育研究所招聘研究員、NPO法人ストップいじめ！ナビ理事、日本スクールコンプライアンス学会会員
　早稲田大学法学部卒業・同大学法科大学院修了
　コブエ法律事務所、国会議員政策担当秘書を経て現職。

塩川 泰子 （しおかわ　やすこ）
　マーベリック法律事務所・弁護士（2009年・第二東京弁護士会）、ニューヨーク州弁護士、第二東京弁護士会法教育委員会副委員長
　一橋大学法学部卒業・南カリフォルニア大学 LL.M. プログラム修了
　新東京総合法律事務所等を経て現職。

白木 敦士 （しらき　あつし）
　早稲田大学臨床法学教育研究所招聘研究員、東京通信大学非常勤講師
　早稲田大学法学部、同大学法科大学院修了
　2019年7月まで弁護士法人早稲田大学リーガル・クリニックに弁護士として所属（現在は弁護士登録抹消）。現在、米国ペンシルバニア大学ロースクール修士課程に留学中（フルブライト奨学生）。

山縣 敦彦 （やまがた　あつひこ）
　マーベリック法律事務所・代表弁護士（2007年・第二東京弁護士会）、税理士（東京税理士会）、首都大学東京システムデザイン学部非常勤講師
　早稲田大学政治経済学部卒業・慶應義塾大学法科大学院修了・一橋大学大学院国際企業戦略研究科修了
　日本IBM株式会社、法律事務所ヒロナカを経て現職。

【編著者紹介】（50音順）

近江 幸治　（おうみ　こうじ）
早稲田大学名誉教授・法学博士（早大）、弁護士法人早稲田大学リーガル・クリニック・弁護士（2003年・第一東京弁護士会）
早稲田大学法学部卒業・同大学大学院博士課程修了
主要著作：『民法講義０〜Ⅶ』（成文堂）、『New Public Management から「第三の道」・「共生」理論への展開─資本主義と福祉社会の共生─』（2002・成文堂）など

弘中 惇一郎　（ひろなか　じゅんいちろう）
弁護士法人法律事務所ヒロナカ・代表弁護士（1970年・東京弁護士会）
東京大学法学部卒業
主要著作：『薬害エイズ事件の真実』（2008・現代人文社）、『「無罪請負人」──刑事弁護とは何か』（2014・角川書店）など

学生のための法律ハンドブック
弁護士は君たちの生活を見守っている！

2018年 3 月30日　初版第 1 刷発行
2019年11月30日　初版第 2 刷発行

編　著　者　　　**近　江　幸　治**
　　　　　　　　　弘　中　惇一郎

発　行　者　　　**阿　部　成　一**

〒162-0041　東京都新宿区早稲田鶴巻町514番地
発 行 所　　株式会社　**成　文　堂**
電話 03（3203）9201代　　FAX 03（3203）9206
http://www.seibundoh.co.jp

製版・印刷・製本　藤原印刷
☆乱丁・落丁本はおとりかえいたします☆　　検印省略
©2018 近江，弘中　Printed in Japan
ISBN978-4-7923-0631-1 C3032

定価（本体1800円＋税）